Lucia Rizzi

Fate i bravi! (10-15 anni)

Come vivere un'adolescenza serena:
dalla tata più famosa d'Italia
regole e consigli per genitori e ragazzi

Rizzoli

ISBN 978-88-17-04457-8

Prima edizione: novembre 2010

La poesia di Gianni Rodari «Storia universale», citata alle pagine 234-35, è tratta da *Favole al telefono*, prima pubblicazione 1962, Giulio Einaudi Editore.

FATE I BRAVI!
(10-15 ANNI)

Introduzione... «per soli adulti»

Carissimi genitori e educatori,

chi mi conosce già e chi ha letto i miei libri precedenti sa probabilmente qual è una delle mie più profonde convinzioni: si impara per emozioni!

Ebbene, io ho imparato moltissimo da voi, voi che in tutti questi anni mi avete fermato al supermercato, mi avete telefonato, mi avete scritto chiedendomi un'infinità di consigli. Quante emozioni ci siamo scambiati, quante volte mi sono sentita dire, soprattutto dai nonni, «Grazie, continui così! Non sa quanto noi e i nostri figli abbiamo imparato da lei».

Un giorno, però, mentre passeggiavo con mia sorella, le ho sussurrato: «Pensa a quando questi piccolini sui quali adesso mi chiedono consigli saranno diventati turbolenti quattordicenni. Allora diranno: "Eppure ho sempre seguito i consigli di Tata Lucia!". Così il mio mito cadrà miseramente».

Allora devo farvi una confessione per me molto importante. Sia durante le trasmissioni in TV sia mentre scrivevo i libri precedenti ero ben conscia di non avere la bacchetta magica, di limitarmi a mettere nero su bianco le mie emozioni, quelle che avevo vissuto in tanti anni di esperienza, oltre alle conoscenze che mi ero fatta nel tempo perché sono una perenne curiosa e perché ho sempre cercato di entrare nell'intimo delle persone, di capire che cosa ci sia dietro un sorriso o un pianto o, magari, una semplice rispostaccia.

Ho riflettuto a lungo sull'opportunità di scrivere questo quarto libro che tratta dei nostri figli (e di noi!) alle prese con l'adolescenza, un'età estremamente avventurosa, complessa e ricchissima di emozioni. E, come già sa chi mi conosce, le emozioni vanno sempre rispettate e non possono essere cambiate, mentre è sui comportamenti che si può intervenire per modificarli e correggerli.

Dedico questo libro proprio ai ragazzi, ma soprattutto a me stessa e a mio nipote Mattia che, a 13 anni, è stato per me un consulente divertito e sagace. Mi sento anch'io un'eterna ragazzina con talmente tante emozioni in corpo da riuscire forse a capire anche quelle degli altri, capacità che, data la mia età, io sento come opera solo di Colui che tutto ha creato e che tira i fili della nostra vita.

Buona lettura e tanti sorrisi a tutti voi!

Introduzione... «per soli ragazzi»

Carissimi ragazzi,

in questo libro c'è una parte che vi riguarda personalmente.

Vi domanderete perché abbia pensato di scrivere direttamente a voi. Nella mia vita e nella mia carriera di insegnante, ho conosciuto migliaia di ragazzi – molti li ho incontrati per la prima volta sui banchi della prima elementare! – e ho sempre avuto con tutti loro un buon rapporto. Buono anche se non certo sdolcinato. Anzi, spesso sono stata considerata un'insegnante severa perché ho sempre avuto l'abitudine di partire, sì, da quello che si ha in mano, ma di farlo fruttare per ottenere il massimo. Lo stesso dovrebbe valere anche per tutti voi in ogni ambito della vostra vita, non importa dove siete nati, se siete ricchi o poveri, se siete i primi della classe o gli ultimi. Ognuno deve dare il meglio perché solo così si ha stima di se stessi e si può camminare a testa alta.

Più facile a dirsi che a farsi, mi obiettate? No, carissimi, è proprio il contrario. Come vi dimostrerò in questo libro, è più facile a farsi che a dirsi! C'è un famoso motto di Gandhi che dice: «Walk the talk» *ovvero letteralmente «Cammina secondo quello che dici» o secondo una mia libera traduzione «Percorri la strada di cui tanto parli». Il concetto sottinteso che mi sta a cuore è che non sono le parole a contare, ma i fatti.*

Facciamo un semplice esempio. La prof vi assegna un capitolo di storia da studiare. Voi tornate a casa scocciatissimi e cominciate a brontolare per quelle pretese, secondo voi, assurde.

«Un pomeriggio per un capitolo e dobbiamo anche saperlo bene, con tutti i riferimenti ai precedenti... Poi ci darà un test scritto: ma la storia non dovrebbe essere solo una materia orale?»

Intanto il tempo passa, ne chattate con i vostri compagni continuando a brontolare, ma controllando anche i siti che riguardano il periodo storico in questione. Naturalmente, navigando in Internet, prestate attenzione solo ai titoli e alle immagini dei siti. Risultato: dopo un'ora al computer, vi ricordate che dovete andare a basket, mollate tutto e vi dite: «Be', adesso la so...».

La mattina seguente la prof vi fa fare il test. Le domande sono piuttosto semplici ma, che strano, non corrispondono ai titoloni dei siti né alle immagini. E voi, miseramente, fallite, ma avete ancora il coraggio di borbottare: «Ho studiato più di un'ora, prof, ma non ci ho capito niente!».

Ebbene, walk the talk. *Sarebbe stato sufficiente guardare il libro invece del computer. I titoli e i sottotitoli rimandavano esattamente ai quesiti del test dato in classe! Anzi, erano identici alle domandine alla fine del capitolo. Solo adesso vi ricordate che la prof ve l'aveva pure suggerito per aiutarvi.*

Non ditemi, cari ragazzi, che non vi siete mai trovati in una situazione simile a quella che ho appena descritto.

Voi mi risponderete: «Certo, la prof ce l'aveva detto, ma questa gente non si aggiorna, non sa nemmeno che esistono i computer! Vogliono che usiamo i loro metodi, però noi siamo già più avanti!».

Ragazzi, nessuno di noi «anziani» pretende più di cambiare il mondo, anzi spesso ci sentiamo rassegnati di fronte a quello che non va. Tuttavia, allo stesso tempo vogliamo fortemente che i nostri figli possano avere una vita più ricca e serena di quella che noi abbiamo sperimentato. È proprio questo verbo che vi deve far riflettere. Noi abbiamo sperimentato che certe cose funzionano e altre no, che certe situazioni si risolvono per il meglio e altre no, che su tante cose si deve ancora lavorare parecchio ma di altre sappiamo già se ci procurano un beneficio o no. Perciò, noi «anziani» vorremmo solo trasmettervi questa nostra esperienza perché la facciate vo-

stra e poi, magari, la arricchiate con le modifiche che riterrete più opportune. Ve lo dico in confidenza: se lo farete, diventerete i veri fautori del bene nel mondo. Trovate allora la voglia e la pazienza di sfruttare la nostra esperienza di «anziani» per andare oltre! Vediamolo in una piccola immagine.

Siete in aeroporto, al check-in. Davanti a voi un «anziano» cerca faticosamente di mettere il proprio valigione sulla bilancia per il controllo del peso. (Quanto bagaglio di ricordi e di sicurezze portano sempre con sé gli «anziani»! Voi, invece, «sapete» viaggiare leggeri!) Allora vi sporgete in avanti e sollevate il valigione appoggiandolo sulla bilancia. Che fatica, era davvero pesante. Che cavolo ci sarà dentro? Ma l'«anziano» si gira e vi sorride ringraziandovi.

Dopo quel sorriso non vi sentite più grandi? Più potenti? Più capaci... e non solo fisicamente? Proprio la compassione e la benevolenza con cui avete raccolto quel bagaglio pesante vi hanno reso tali.

Dunque, se nella vostra benedetta leggerezza – non è ironico, credetemi! – riuscirete a raccogliere con un'emozione positiva il pesante bagaglio dell'esperienza di chi è più vecchio di voi, ecco che volerete ancora più in alto. Infatti, dopo aver conosciuto e valutato il contenuto di questo bagaglio, potrete tranquillamente buttarlo giù perché, a quel punto, non vi servirà più.

Buon volo, ragazzi!

1

Un'età in bilico

Nel mio primo libro *Fate i bravi!* do consigli per far crescere i propri figli fra i 3 e i 10-11 anni felici e sereni. Tuttavia, ultimamente molti genitori mi hanno tempestato di domande relative all'età immediatamente successiva. Perciò ho deciso di dedicarmi alla fascia tra i 10 e i 15 anni... non volevo abbandonare madri e padri proprio quando sentono di avere più necessità d'aiuto!

I genitori di oggi, infatti, confrontandosi con figli preadolescenti e adolescenti, dichiarano spesso di trovarsi di fronte a soggetti intrattabili e quindi incorreggibili (termine che, secondo me, sottintende una grande mancanza di rispetto proprio da parte dei «grandi»!). Di conseguenza, spesso finiscono per considerarli solo come un «problema» insostenibile o come un gravoso «dovere» (per via del mantenimento materiale a cui per legge sono tenuti).

I nostri figli hanno ancora molto bisogno di noi e, probabilmente, ne avranno per tutta la vita

No, cari padri e care madri, i nostri figli, chi più chi meno, hanno ancora molto bisogno di noi e, probabilmente, ne avranno per tutta la vita. D'altra parte, anche noi stessi adulti sentiamo a volte l'esigenza di appoggiarci ai nostri genitori o è il loro semplice ricordo che ci aiuta a vivere.

Alla categoria dei genitori che considerano i propri figli intrattabili e incorreggibili se ne affianca oggigiorno un'altra che conosco bene avendo lavorato con madri, padri e ragazzi per almeno

Tutti gli adolescenti, «buoni» o «cattivi» che siano, sono persone in evoluzione che vanno aiutate a trovare la loro strada

quarant'anni: quella di coloro che ritengono se stessi e i propri figli perfetti e immuni da qualsiasi problema. Però – c'è un però – hanno una tremenda paura dei compagni di scuola, degli amici che il figlio può incontrare andando a giocare a pallone, del «corteggiatore» che invita la figlia a una festa di compleanno, delle «amicizie» che i propri ragazzi possono farsi chattando su Internet. In questo libro mi rivolgo anche a loro. Prima di dare a questi genitori qualsiasi consiglio, vorrei lanciare un messaggio importante: è vero, ci sono anche i «cattivi», come è più semplice definirli, ma tutti i ragazzi di cui parliamo in queste pagine, «buoni» o «cattivi» che siano, sono adolescenti cioè persone in evoluzione, bisognose di rispetto e di riconoscimento, che vanno aiutate a trovare la loro strada. Ci sono genitori che, forse per predisposizione personale o per fortuna, sono riusciti a educare bene i propri figli sin dal giorno zero; altri, per svariate ragioni, non sono stati in grado o non hanno voluto farlo, ma non per questo i loro figli non vanno rispettati.

In questo volume mi occupo, dunque, di ragazzi e ragazze tra i 10 e i 15 anni, ovvero di un'età a cavallo fra la preadolescenza (9-12) e l'adolescenza vera e propria (13-19).

Se consultiamo lo storico e tuttora attuale *Vocabolario etimologico della lingua italiana* di Ottorino Pianigiani, ecco che cosa troviamo alla fatidica parola «adolescente»: «participio presente dal (lat.) ADOLESCO, incomincio a crescere – Che è nell'età in cui tuttora si cresce, tra la puerizia e la gioventù». L'adolescente è dunque un individuo in bilico tra l'infanzia e l'età adulta e la sua vita è caratterizzata da una serie di mutamenti fisici e psicologici e dalla maturazione sessuale.

In concomitanza è interessante controllare, sempre sul Pianigiani, la parola «adulto»: «dal (lat.) ADULTUS, verbale ADO-

LEO, cresco – Cresciuto negli anni e nella persona, quanto basta per avere intelletto e discernimento».

Tra gli adolescenti del giorno d'oggi assistiamo a un'evoluzione a mio parere sconvolgente: possiamo facilmente incontrare un undicenne che esce da solo e va a comprare le sigarette per il papà e, allo stesso tempo, un diciannovenne che non sa ancora che cosa voglia dire impegnarsi nello studio o nel lavoro e che quindi continua a farsi impunemente mantenere, quasi fosse un «bambino», magari da un padre stanco disposto, però, a concedergli tutto e a giustificarlo sempre.

In questo libro ho deciso di fermarmi ai 15 anni perché sono convinta che fino a quest'età si continui a essere molto ricettivi e che, allo stesso tempo, si vivano emozioni ancora in divenire, come «in fase sperimentale». Inoltre, fino a questa età s'è dotati di grande forza fisica e tanto entusiasmo che permettono di scoprire, provare, assumere i comportamenti che si ritengono più consoni alla propria vita.

Fino ai 15 anni si continua a essere ricettivi e, allo stesso tempo, si vivono emozioni ancora in divenire, come in «fase sperimentale»

Naturalmente, in questa fase avere accanto una famiglia che «pratica» uno stile di vita positivo e vincente è certamente d'aiuto. Consentitemi di proporvi un'immagine un po' romantica: fino a 15 anni, ogni sera è come se si ritornasse all'ovile a respirare aria buona, carica di serenità e sicurezza. Se non si è fatta questa esperienza entro i 15 anni, sarà molto più difficile (anche se mai impossibile) recuperarla più avanti.

Per andare sul concreto, vi elenco brevemente le caratteristiche «normali» degli adolescenti che noi tutti conosciamo e che possono essere i nostri figli, nipoti, alunni, amici.

- Gli adolescenti sono esseri misteriosi, spesso incomprensibili: prediligono tutto ciò che per noi è «strano» in termini di suoni, colori, modo di vestire...
- La loro occupazione principale è cercare di essere il più possibile diversi dagli adulti, soprattutto dai loro genitori, ma il più possibile simili ai coetanei, naturalmente a quelli più appariscenti e rumorosi.
- La presenza di un adolescente in casa è indicata dalla porta della sua stanza perennemente chiusa. Naturalmente sapete benissimo che non sta studiando!
- I ragazzi adolescenti snobbano qualsiasi attività familiare (escluso lo shopping per loro), mentre hanno sempre tempo per gli amici o «l'amico» del cuore.
- Si sentono onnipotenti e vivono quindi di sogni che, non immediatamente realizzabili, possono creare in loro uno stato di insoddisfazione generale («Voglio diventare un grande calciatore, una famosa attrice, il miglior giocatore di basket al mondo... Voglio prendere il voto migliore della classe...»). Ritengono voi genitori la causa principale di questa frustrazione.
- Pur non avendo alcuna esperienza di vita, hanno sempre un'idea precisa di come dovrebbe andare il mondo, del modo in cui occorrerebbe sistemare le cose, di che cosa bisognerebbe fare perché la società, la scuola e la famiglia funzionassero molto meglio di come avviene nella realtà. Spesso i genitori riferiscono di avere in casa «un avvocato delle cause perse».
- Proprio perché agli adolescenti non piace «come gira il mondo», essi sono inclini a buttarsi in qualsiasi nuova avventura senza considerarne seriamente i rischi reali e, ammesso che i genitori ne vengano a conoscenza, è molto difficile riuscire a dissuaderli: ne sanno sempre più di loro.

Cari genitori e educatori in genere, quando abbiamo a che fare con un adolescente, ricordiamoci sempre che è una persona che si trova proprio a metà tra il bambino e l'adulto e che, a momenti

L'adolescente è una persona che si trova a metà tra il bambino e l'adulto e, a momenti alterni, vorrebbe essere l'uno o l'altro

alterni, vorrebbe invece essere l'uno o l'altro (e anche noi, spesso, lo vorremmo così, a «fasi alterne»). Rammentiamo inoltre che è molto difficile coniugare serenamente le due facce di quest'unica persona. Ma non scoraggiamoci subito.

Tutti noi, anche a 80 anni, manteniamo ben vivo il bambino che siamo stati ed è spesso proprio lui a salvarci in situazioni estremamente negative. Quante volte, per esempio, pur essendo profondamente preoccupati, siamo riusciti a distrarci osservando un bambino che gioca a palla? Oppure, pensiamo al giorno di Natale: la famiglia, dimenticando i motivi di scontro, torna a sorridere proprio davanti ai suoi componenti più piccoli che scartano i regali o semplicemente si lasciano coccolare assaporando un dolcetto in braccio alla zia (che vedono raramente) o ascoltano il racconto del nonno appisolandosi sulla poltrona.

Per cercare di spiegarvi quanto questa età sia delicata, vorrei suggerirvi un'altra immagine. Come in una corsa a staffetta, l'adolescenza è quel segmento che ogni corridore percorre dopo aver preso in mano il testimone. Per quel tratto egli è responsabile della riuscita della gara; perciò dal suo impegno e dal suo rendimento dipende il risultato finale sia per lui sia per i suoi compagni di squadra. Succede infatti che il genitore passi il testimone al figlio e il figlio – in senso figurato, naturalmente – lo tenga stretto (ricevendo e facendo propri i valori che padre e madre gli hanno trasmesso) e, rispettandone il valore, continui a non lasciarselo scappare nella prospettiva di passarlo successivamente ad altri.

L'adolescenza è proprio questo passaggio difficile in cui è indispensabile che i genitori stiano vicino ai propri figli. Certamente è stato molto più facile insegnare al nostro bimbo di 1 anno a mangiare da solo, a camminare, a lavarsi i denti, al nostro piccolo di 5 ad andare in bici senza le rotelle, al nostro studentello di prima elementare a recitare la poesia. Ma adesso, con grande senso di rispetto e responsabilità, dobbiamo prenderlo per mano e andare avanti in un giusto equilibrio tra amore e realismo, tra emozione e senso pratico.

Noi adulti non possiamo sostituirci ai ragazzi né nel bene né nel male, ma solo aiutarli a diventare autonomi

Che cosa intendo dire? Noi tutti amiamo i nostri figli: è un'emozione unica e quasi inspiegabile che ci accompagnerà per tutta la nostra vita. Ho volutamente usato l'espressione «nostra vita» perché, pur permeata di questo amore genitoriale, non è, e non sarà mai, la vita dei nostri figli. Essi sono altre persone rispetto a noi; perciò, non potremo mai sostituirci a loro né nel bene né nel male, ma solo aiutarli a diventare autonomi. In altre parole, «GRANDI».

Vediamo come in qualche esempio concreto. Guido, 12 anni, non vuole rimanere solo in casa perché dice di avere paura. Tuttavia i genitori non devono assecondarlo fermandosi a turno sempre con lui. È opportuno invece che gli dimostrino che non c'è nessun pericolo e che loro gli vogliono bene e non lo abbandonerebbero mai in una situazione pericolosa. Guido può essere quindi gradualmente «allenato» a rimanere solo, all'inizio per pochi minuti, poi a poco a poco fino a una o più ore. In questo modo, arriverà a sentirsi padrone della situazione proprio perché nutrirà fiducia nell'amore e nell'attenzione che i genitori hanno per lui.

Un altro esempio è quello di Caterina, 14 anni, che ha paura di andare dal dentista da sola. La mamma è sempre andata insieme a lei, ma adesso – a cura concordata con lo specialista e già avviata – pensa che la ragazza possa recarsi autonomamente nello studio. Perciò, anziché continuare ad accompagnarla, non favorendone così la crescita, la mamma può preannunciare al dentista che la figlia si presenterà sola alle sedute, che peraltro durano pochi minuti. Poi può portarla fino al portone e rimanere ad aspettarla in strada. Caterina scenderà dopo un quarto d'ora sorridente! Avrà così acquistato padronanza di sé anche nel prendersi cura della propria salute. A 14 anni è un traguardo importante!

Cari ragazzi... in bilico

Nella mia vita ho parlato con centinaia e centinaia di voi ragazzi «nell'età in bilico», ma nessuno mi ha mai detto apertamente di sentirsi sconcertato per il fatto di essere un adolescente pieno di tutti i classici problemi.

Semmai in molti casi sono gli adulti – che vi imputano di essere spesso «inconcludenti» e, per fortuna, solo raramente «a rischio» – a infarcirvi la testa di argomentazioni scientifiche, e non, sulla vostra età. In questo modo, non fanno altro che offrirvi una serie di giustificazioni per il vostro modo di affrontare la vita. Ultimamente, per esempio, due genitori disperati per il comportamento del figlio quattordicenne – male a scuola, male nelle attività extrascolastiche, male negli atteggiamenti in casa, nessuna collaborazione familiare... – mi hanno detto che il loro ragazzo adduceva a propria giustificazione il fatto di essere un adolescente!

Voi adolescenti siete messi per la prima volta di fronte alla responsabilità eccezionale e meravigliosamente unica di affrontare la vostra vita

Ragazzi, è vero, l'adolescenza è un periodo difficile sia fisicamente che psicologicamente per ogni essere umano, ma, a mio parere, non lo è più di altre fasi quali la maturità o la vecchiaia. La grande differenza consiste nel fatto che voi adolescenti siete messi per la prima volta di fronte alla responsabilità eccezionale e meravigliosamente unica di affrontare la vostra vita, quella che vi è stata donata dai vostri predecessori e che, a vostra volta, donerete a chi vi succederà.

L'adolescenza è infatti quel periodo entusiasmante che, nel bene e nel male, vi consentirà di smetterla di «affibbiare» la colpa a qualcun altro del fatto che siete bassi («Cavoli! Non potevate farmi più alto?»), grassi («Certo, con quello che si mangia in questa casa...»), poco studiosi («Taci, tu che hai fatto solo la quinta elementare...»), poveri («Certo che se sei capace di fare solo l'imbianchino e ti fai fregare da quei ricconi per i quali lavori...»), non apprezzati dall'altro sesso («Se non ho neanche un motorino scassato...»), ma che vi permetterà di prendervi finalmente cura di voi stessi. Che cosa intendo con questo? Be', per esempio leggere per essere più interessanti, lavarsi e vestirsi adeguatamente per risultare più gradevoli, aiutare per integrarsi con gli altri, lavorare per mettere da parte qualche soldo, magari per una bella vacanza con l'InterRail.

Insomma, ragazzi, quello che ricaverete dall'adolescenza saranno la vostra vita e le vostre scelte. Finalmente potrete ringraziare solo voi stessi e smetterla di recriminare su quel che gli altri hanno fatto o non hanno fatto per voi. Alla fine dell'adolescenza, giunti ai fatidici 18 anni, sarete donne e uomini «maturi», sarete ciò che avrete deciso di essere!

Vi propongo ora una bellissima poesia di Martin Luther King che ho sempre letto ai miei studenti più grandi.

Se non potete essere un pino sulla vetta del monte,
siate un cespuglio nella valle, ma siate
il miglior piccolo cespuglio sulla sponda del ruscello.
Siate un cespuglio, se non potete essere un albero.

Se non potete essere una via maestra, siate un sentiero.
Se non potete essere il sole, siate una stella;
non con la mole vincete o fallite.

Siate il meglio di qualunque cosa siate.
Cercate ardentemente di scoprire
a che cosa siete chiamati,
e poi mettetevi a farlo appassionatamente.

È tipico della vostra meravigliosa età sentirsi potenti e quindi criticare negativamente quanto altri hanno fatto prima di voi. Allo stesso tempo guardate ai vostri «idoli», persone che nella società odierna vi sembrano aver raggiunto il massimo, spesso solo grazie alla notorietà. Allora succede che diciate a voi stessi: «Ecco, io vorrei essere come...».

Ragazzi, siate il meglio di quello che siete!

Ragazzi, non perdete tempo a «scopiazzare» gli altri, seguite invece il consiglio contenuto nella poesia: siate il meglio di quello che siete! Sarete persone realizzate e felici e renderete migliore anche il mondo che vi circonda.

2

Come sono cambiati i nostri bambini?

Nell'accingermi a scrivere questo libro sugli adolescenti, mi sono detta: «Ma io, sui comportamenti, ho già scritto tutto, o quasi, nei miei libri precedenti. Il Carletto così capriccioso a 3 anni è il Carlo tanto testardo a 13. La Giulia chiacchierina a 4 anni è la Giulia pettegola e mai doma di 15. E i gemelli turbolenti di 5 anni non sono forse l'insostenibile associazione per delinquere di 14?». Il treenne e il tredicenne hanno in comune caratteristiche comportamentali importanti che anche voi avrete imparato a riconoscere: per esempio, vogliono tutto qui, adesso e subito! (Certo, ma questo dipende proprio da loro...)

Ci sono poi altri concetti su cui ho insistito nei miei libri precedenti e che continuano a essere fondamentali anche per questa fascia d'età. Alludo innanzi tutto all'importanza del rispetto e della responsabilità. La libertà, infatti, si conquista imparando a fare scelte rispettose e responsabili e affrontandone responsabilmente le conseguenze. Questo è, in sintesi, quanto già avremmo dovuto insegnare al nostro adolescente fin dal giorno zero della sua vita.

La libertà si conquista imparando a fare scelte rispettose e responsabili e affrontandone responsabilmente le conseguenze

Da sempre, poi, ho sottolineato un'altra idea importante: le persone non si possono cambiare, ma i loro comportamenti sì (per questo vi rimando alle modalità, adeguate all'età, che ho illustrato nei miei libri).

Ma ora vediamo come cambiano in concreto i bambini con il passare degli anni.

Alcuni software sono in grado di simulare l'immagine di una persona a 30, 40 o 50 anni, partendo da una sua fotografia a 7 anni. Nel mio primo libro *Fate i bravi!*, ho cercato di presentarvi il carattere di alcune tipologie di bambini fino a circa 10-11 anni. Andiamo adesso a vedere come quegli stessi «bambini-tipo» sono diventati a 14 anni, entrando appunto nell'adolescenza.

Questa categorizzazione ha uno scopo puramente indicativo. Ogni essere umano è unico. Inoltre, gli adolescenti – rispetto ai bambini, più facilmente classificabili per tipologie – si sono a poco a poco costruiti, nel bene e nel male, un notevole bagaglio di emozioni dalle quali non possono prescindere e che noi adulti non possiamo non considerare e non rispettare.

Gli ex bambini dipendenti

Martina (15 anni) e Lorenzo (13 anni)

Martina era la bambina di 7 anni che non si tagliava la carne da sola e Lorenzo, a 5, quando era a tavola, non chiedeva a voce di passargli l'acqua o il pane, ma si limitava a indicarli con il dito... e tutta la famiglia era pronta a servirlo!

In entrambi i casi, se i genitori non hanno messo in atto alcuna strategia per renderli indipendenti, ecco come potrebbero essere diventati qualche anno dopo...

Martina è una bellissima ragazzina, a cui però non va mai bene nulla, né a casa né a scuola. A questa età, infatti, chi non ha ancora imparato a fare da sé e continua a dipendere dagli altri in tutto e per tutto (cosa che, inoltre, implica un'autostima pari a zero), si ritrova unicamente a criticare, adottando così in modo sistematico un atteggiamento tipico degli adolescenti (che si sentono degli dèi).

Perciò Martina dice alla mamma: «Perché non cambi macellaio? Questa carne è dura. Io non la mangio!», al papà: «Dovresti smetterla di venirmi a prendere a scuola con quel catorcio di macchina! Piuttosto torno a casa a piedi o in motorino con Luisa», al fratello Guido di 12 anni: «Mi prendo i tuoi riassunti di storia, sono più semplici del mio libro. Tanto gli argomenti sono gli stessi e chi se ne importa se non so tutto... Quel cavolo di manuale è troppo noioso da leggere», all'amica al telefonino: «Mia madre mette a posto la mia camera solo una volta alla settimana. Tutti i vestiti sono in giro e io non so più cosa mettermi. Appena posso, me ne vado a studiare in Inghilterra: nei college ognuno ha la sua stanza e fa quello che vuole... Che mito! Niente più scocciature dei genitori».

Martina è solo apparentemente spavalda e sicura di sé. In realtà, è come se avesse ancora 7 anni. Non ha voglia di mangiare la carne e nemmeno di masticarla; non rispetta il padre e quasi se ne vergogna di fronte ai compagni; pur di non far fatica nello studio, si abbassa al livello del fratello minore; tratta la madre come una serva; sostituisce continuamente le proprie fantasie alla costruzione di una realtà positiva e davvero vantaggiosa. Insomma, la bambina dipendente è diventata un'adolescente saccente e sprovveduta, la tipica ragazzina che molti adulti definiscono «insolente e antipatica».

La bambina dipendente è diventata un'adolescente saccente e sprovveduta, la tipica ragazzina che molti adulti definiscono «insolente e antipatica»

Giunti a questo punto, che cosa si può fare?

Ebbene, è ora di smettere di considerare questa ragazzina come una bimba piccola da servire! I genitori devono riconquistare il rispetto per se stessi non accettando di diventare vittime del dispotismo della figlia che loro stessi hanno favorito dimostrandosi negli anni sempre disponibili di fronte ai suoi «capricci».

E che ne è di Lorenzo, a 13 anni?

Adesso, visto che non è stato fatto nulla per correggerne la dipendenza, è diventato un despota assoluto, considerato da fratelli e sorelle il cocco di casa perché ogni suo verbo è un ordine da eseguire immediatamente e senza discutere, perché a scuola è un genio, a parte, ovviamente, la condotta...

Lorenzo è molto intelligente e capace, quando vuole, ma... non vuole mai perché è molto meglio farsi servire!

Alla mamma, dal bagno e con voce tonante, grida: «I pantaloni hanno ancora l'etichetta: staccamela!» (e li butta fuori dalla porta dove la mamma deve raccoglierli... ma lei lo fa volentieri perché, poverino, se no arriva tardi a scuola!), al papà: «Non puoi guidare più velocemente? Potevi passare di là...», alla sorella: «Te lo sogni che io esca con te conciata così!», a scuola: «Prof, ma lei non aveva detto che c'erano da studiare anche le letture in fondo al capitolo...».

Insomma, visto che lui non fa, è sempre colpa di qualcun altro e, naturalmente, è sempre «qualcun altro» a essere in difetto. Lui è perfetto. In effetti, ha un quoziente intellettivo molto alto, ma nessuno gli ha ancora spiegato che nella vita reale questo non gli basterà se non saprà gestirlo autonomamente con rispetto e responsabilità.

L'ex bambina coccolona e frignona

Anna (14 anni)

Figlia unica, prima nipote di entrambe le coppie di nonni, dotata di numerosi zii e zie che la adorano, Anna è sempre stata a proprio agio quasi esclusivamente a contatto con un adulto per volta (la mamma, il padre, la maestra, persino la colf...); oltretutto, finora ha scelto la compagnia solo di persone estremamente rassicuranti. Con l'adolescenza, però, questo suo isolamento dai coetanei è diventato una sorta di handicap.

A 14 anni Anna partecipa volentieri ai pranzi di famiglia, è felice di andare a sciare con gli zii (due coppie di adulti), segue abbastanza attivamente le lezioni di pianoforte impartite a casa e frequenta, con un po' meno entusiasmo, un corso di danza classica che la mamma le ha imposto una volta alla settimana. A scuola non eccelle, ma si attesta su una sufficienza piena in quasi tutte le materie; i professori, però, asseriscono che Anna è bravissima a rendersi invisibile e non contribuisce mai ad alcun progetto di classe.

Per completare il quadro, bisogna aggiungere un suo comportamento «strano». Spesso Anna chiede alla mamma, al papà e, in generale, agli adulti, con i quali va quasi sempre d'accordo, un apprezzamento «fisico».

- «Quest'anno sono cresciuta di 5 centimetri...»
- «Ho lavato i capelli con lo shampoo colorante per renderli più biondi.»
- «Mamma, posso usare la tua maglietta? Ormai siamo quasi uguali...»
- «Papà, tu mi preferisci con i jeans o con la gonna?»
- «Mamma, mentre studio siediti anche tu qui vicino, così mi massaggi la schiena...»
- «Ieri sera la zia mi ha fatto proprio il risotto che mi piace di più!»

Ma nemmeno alla mamma, al papà, ai nonni e agli zii, Anna confida i suoi pensieri, non andando mai oltre una conversazione che verta sull'apparenza delle cose. Al massimo ripete pari pari i giudizi espressi dai genitori ed evita di approfondire. Se mamma e papà le chiedono, per esempio, come la pensino su un certo argomento i suoi compagni di classe, Anna si limita a rispondere: «Sapete com'è... Quelli sono tutti scemi!».

Quando poi, come tutti gli adolescenti, fa i capricci perché qualcosa non va come vorrebbe, cerca subito di conquistare ciò che desidera con abbracci, baci, lacrime, utilizzando quindi lo strumento del contatto fisico (così come da piccola voleva stare sempre in braccio) e non quello di un sereno dialogo chiarificatore.

Di Anna, la mamma e il papà dicono: «Ci vuole molto bene: è la ragione della nostra esistenza...».

Genitori, distinguete la vostra vita da quella di Anna che, grazie a Dio e a voi, ha la propria ed è quella che deve vivere

Genitori, è ora di mettere le cose in chiaro: distinguete la vostra vita da quella di Anna che, grazie a Dio e a voi, ha la propria ed è quella che deve vivere. Soprattutto tenete conto che, prima o poi, Anna dovrà confrontarsi con i suoi coetanei: saranno persone che non la adoreranno solo perché fa parte di un «clan familiare», ma potranno apprezzarla in base ad altri canoni di cui Anna finora non sa nulla. Ai miei tempi si riteneva sbagliato far crescere i figli sotto una campana di vetro. Secondo me, quest'idea è tuttora valida.

Quindi... come tirar fuori Anna da questa benedetta campana di vetro?

Con tutte le dovute precauzioni, lasciate che Anna «faccia da sola» anche a rischio di sbagliare. Per esempio, se al mattino frigna perché vuol essere coccolata prima di alzarsi, evitate di accorrere al suo letto come avete fatto finora e lasciate anche che arrivi in ritardo in classe e si faccia carico delle relative conseguenze.

Quando parlate con lei di quello che succede a scuola o al corso di danza, non commentate negativamente («La prof ha decisamente sbagliato...», «Il tuo compagno, con quella rispostaccia, si è dimostrato il solito maleducato...», «Tanto quella sciocchina non sa fare di meglio...»), ma mettete in luce, non appena possibile, le difficoltà che probabilmente gli altri incontrano e tentano di superare nella vita («La prof ha decisamente un compito difficile al giorno d'oggi...», «Il tuo compagno fa fatica a rispondere educatamente perché nessuno lo hai mai trattato educatamente...», «Quella ragazzina avrebbe decisamente più bisogno di aiuto anche a casa, magari puoi invitarla a studiare con te...»). È necessario, insomma, che Anna risistemi la propria «intelligenza sociale» in modo da non sentirsi più al di fuori né, peggio, al di sopra dell'ambiente che la circonda. Deve, in altre parole, acquisire un atteggiamento e dei comportamenti che la facciano sentire «parte» concreta della vita che sta vivendo in mezzo agli altri.

Un altro rischio che Anna, con il passare degli anni, corre è quello di giudicare le persone solo in base all'emozione di «gradimento fisico» che prova nel relazionarsi con loro. Naturalmente questo può essere molto pericoloso e fuorviante; in un certo senso, Anna potrebbe non rendersi conto della vera personalità di chi incontra perché cerca negli altri esclusivamente un appagamento fisico.

Insomma, smettete di considerare Anna una meraviglia del creato (anche se tale rimarrà sempre agli occhi di voi genitori) e cercate invece di metterla davanti alla sua responsabilità di fronte alle «meraviglie» che la natura le ha regalato. È sana e forte? Può aiutare nei lavori domestici. È bella? Può fare volontariato in una casa per anziani aiutando le vecchiette a pettinarsi e a truccarsi (e naturalmente può farlo con la nonna). Ama vestirsi bene? Deve imparare a fare il bucato, stirare e piegare la biancheria in modo che non si stropicci.

Poi fatele osservare come altre persone, molto meno fortunate e appariscenti di lei, siano riuscite ad avere successo nella vita. Con questo non la sminuirete, ma le proporrete obiettivi più concreti e positivi da raggiungere. Coltivate quindi la mente e il cuore di questa ragazzina e non solo il fisico.

L'ex bambino aggressivo e prepotente

Tommaso (14 anni) e Gianna (15 anni)

Ricordate Tommaso e Gianna? Li avevo descritti come due bambini spesso preda di attacchi di collera e rabbia che nessuno aveva insegnato loro a gestire. Ebbene, la cronaca di oggi riporta quasi ogni giorno casi di adolescenti che, di fronte alla minima contrarietà, reagiscono colpendo un'altra persona, facendole del male, distruggendo la proprietà altrui e trasgredendo le regole fondamentali del vivere civile.

Bisogna considerare i «bulli» come individui che utilizzano le proprie manchevolezze per giustificare a se stessi la loro violenza su chi avvertono come più debole oppure chi, invece, «ha più di loro»

Adesso questi ragazzi e ragazzini vengono chiamati «bulli», ma bisogna considerarli come individui che utilizzano le proprie manchevolezze per giustificare a se stessi la loro violenza su chi, per qualche motivo, avvertono come inferiore o più debole oppure su chi, invece, «ha più di loro».

- «Il mio compagno ha un iPod di un modello più aggiornato del mio? Lo costringo a fare scambio, pena la spia alla prof perché ha copiato il compito.»
- «La mia compagna va al concerto di Ligabue e non mi ha invitato? Le chiedo di lasciarmi vedere i biglietti e, in qualche modo, glieli faccio sparire.»
- «Si crede tanto bello perché ha il motorino? So dove parcheggia e gli taglio le gomme.»
- «Si è comprata quella bellissima felpa rosa... Domani gliela macchio con l'evidenziatore.»

E ancora peggio...

- «Senti quella come ha studiato... Già, non sa fare altro. Durante la ricreazione però nessuna la guarda, noi maschi tanto meno. È fredda come se fosse già morta. Ma troveremo il modo di svegliarla! Magari le mettiamo un po' di colla sulla sedia...»
- «Io non so perché ci hanno messo in squadra quel bambinetto della I C. Non conosce neanche le regole base del calcio. Ride quando gli altri fanno goal. Ma è cretino? E non è neanche bravo a scuola. Poi non si accorge nemmeno che tutti lo prendiamo in giro...»

I primi quattro esempi si riferiscono a episodi di bullismo nei riguardi di beni materiali: sono i più comuni e, spesso, i genitori inconsciamente li giustificano perché si sentono «colpevoli» di non poter dare al proprio figlio quello che lui vorrebbe e di cui altri (i ricchi in senso materiale) possono disporre.

Gli ultimi due esempi, invece, si riferiscono solo a pensieri. Molto spesso noi adulti erroneamente interpretiamo come bullismo solo comportamenti che ledono le persone dal punto di vista fisico o materiale. Tuttavia, il bullismo peggiore è proprio quello in cui la vittima si trova circondata da persone che la considerano un «outsider» per le più svariate, e spesso profondamente superficiali e sbagliate, ragioni.

Cerchiamo però di guardare lontano. Molto probabilmente tra dieci anni parecchie piccole vittime avranno superato brillantemente il problema grazie alla loro personalità e al corretto rinforzo degli educatori. In questo modo, avranno anche accresciuto la loro intelligenza sociale ed emotiva. Con il passare del tempo, invece, i «bulli» rischiano di «rimanere al palo», continuando a considerare la propria vita come un'ingiustizia del destino cui ribellarsi con la violenza. Questi ragazzi non hanno un corretto senso di sé, né una vera autostima, e non riescono a individuare altre potenzialità che non siano la capacità di sopraffazione. Perciò, non appena questa decade, rimangono soli e sprovveduti e il loro cammino nella società diventa difficile.

L'atteggiamento del «bullo» tradisce l'assoluta incapacità non solo di affrontare positivamente la vita, ma anche di conoscere se stesso e rispettarsi per le doti che di sicuro ha ma non sa usare in modo corretto e a proprio beneficio

In parole più semplici, l'atteggiamento del «bullo» tradisce l'assoluta incapacità non solo di affrontare positivamente la propria vita, ma anche di conoscere se stesso e di rispettarsi per le doti che di sicuro ha ma non sa usare in modo corretto e a proprio beneficio. Di fronte a qualsiasi genere di problematica, pure minima e superficiale, i «bulli» non tentano di risolverla fattivamente ma reagiscono con violenza negandosi, quindi, qualsiasi rispetto di sé.

La prima tragica conseguenza di questi comportamenti è che chi ha a che fare con loro (genitori, insegnanti, parenti, conoscenti, spesso persino gli abitanti della zona) se ne fa subito un'idea profondamente negativa e, di conseguenza, non solo li condanna, ma li evita in tutti i modi e, in alcuni casi, può arrivare a denunciarli pubblicamente come poco di buono. Questi ragazzi vengono pertanto isolati e addirittura allontanati da quegli ambienti che avrebbero proprio la funzione di aiutarli a crescere (oratorio, gruppi sportivi, in casi estremi persino la scuola).

I genitori di questi ragazzi sono in genere brave persone ma non hanno gli strumenti necessari (o non vogliono trovarli né usarli perché, contro ogni evidenza, considerano il figlio un vincente!) per modificare una situazione che peggiora di giorno in giorno. Il «bullo», infatti, finisce inevitabilmente per aggregarsi a gruppi di giovani simili a lui in quanto sono gli unici che lo accettano. Tuttavia, questi gruppi sono spesso frequentati da persone ancora più pericolose, magari vittime di abusi, che trovano nelle sostanze (fumo, alcol, droga) quella soddisfazione che nessun altro o nient'altro riesce loro a dare.

Attenzione! In questa situazione molto pericolosa e difficile è a mio parere indispensabile che i genitori si impegnino al massimo per togliere il figlio dalla strada che ha intrapreso. In alcuni casi può essere necessario e vitale cambiare completamente ambiente al ragazzo (casa e quartiere, scuola e gruppo sportivo, persino oratorio). Tenete presente, cari genitori, che anche a fronte di situazioni che vi paiono disperate non dovete mollare mai! È fondamentale che riprendiate per mano il vostro ragazzo come un bambino piccolo cui si insegna a dire «grazie!». Nel farlo, però, dovete sempre ricordare che è un bambino ma ha ormai il comportamento di un adulto infelice e violento; adesso, perciò, deve solo capire che anche la sua vita è bella, che dentro di lui c'è un abisso di felicità e soddi-

In alcuni casi può essere necessario e vitale cambiare completamente ambiente al ragazzo

sfazione che aspetta solo di venir fuori. Spiegarglielo è un lavoro molto difficile che sovente richiede l'aiuto di una «persona giusta». Ma questa persona è spesso accanto a noi: un nonno intelligente, un insegnante intuitivo e generoso, un altro genitore che abbia lo stesso problema e che sia sulla via della soluzione, magari un bravo psicologo dell'età evolutiva.

Spesso il bullismo e l'aggressività sono tratti comportamentali che hanno origine fra le pareti domestiche

Prima di concludere, vorrei aggiungere che spesso il bullismo e l'aggressività sono tratti comportamentali che hanno origine fra le pareti domestiche. Una famiglia che non è una vera squadra – in cui per tutti vigano le stesse regole del gioco – crea spesso situazioni di prevaricazione che vengono assimilate dai ragazzi come legittime.

Cerco di spiegarlo con un breve esempio. Immaginiamo una famiglia che un sabato sera gioca alla tombola. I premi sono costituiti da Smarties: ambo=4 Smarties, terno=6 Smarties, quaterna=8 Smarties, cinquina=10 Smarties, tombola=buono per un gelato. Prima di cominciare, la mamma rispiega le regole a Giovanni di 4 anni e promette di aiutarlo a leggere i numeri a due cifre che per lui sono ancora difficili. Il gioco inizia. Caterina di 14 anni e Giovanni vincono insieme l'ambo. Alla successiva estrazione, Giovanni pretende – contro le regole – di fare terno sulla stessa riga del suo ambo. Il papà glielo concede: «È piccolo, non si ricorda... Permettiamoglielo per questa volta». Poi è il papà a vincere quaterna, cinquina e a fare tombola. Giovanni allora butta per aria tutto e grida che non è giusto, che lui non ha sentito bene i numeri e che tutti hanno vinto tranne lui. Vista questa sua reazione, il papà, invece di riprenderlo con calma e di farsi aiutare a mettere a posto il gioco, gli regala il proprio buono-gelato, promettendogli che giocheranno ancora l'indomani e «Vedrai che vincerai tutto... ti aiuto io!».

Questo è un chiaro caso di istigazione alla prepotenza e al bullismo, naturalmente sotto le spoglie di una «inutile» compassione per il più piccolo della famiglia. Chiamatela come volete, ma è fondamentalmente una evidente «diseducazione sociale».

Un conto è far vincere un piccolino in un gioco a due – per esempio, in una breve gara di corsa ai giardinetti –, un altro conto è stabilire regole comuni per poi, palesemente, trasgredirle e lasciarle trasgredire: avallare insomma una trasgressione premiando di fatto un comportamento di rabbia.

In questa famiglia i fratelli maggiori come Caterina si saranno allontanati sorridendo e probabilmente avranno accettato supinamente la situazione. Ma questo atteggiamento sbagliato, se assunto costantemente, verrà assimilato da loro come «giustificato e giustificabile» anche in contesti differenti.

E che dire del papà che in autostrada si concede di superare ampiamente il limite di velocità... «tanto non c'è nessun controllo»?

O della mamma che parcheggia nel posto riservato agli handicappati perché «mi fermo solo due minuti per andare in posta»?

Invito quindi madri e padri a controllare sempre i propri comportamenti. Secondo me, nella quotidianità si può già fare molto per dare ai ragazzi un'impostazione corretta, magari cominciando a risolvere un piccolo problema con loro. Per suggerirvi un esempio pratico, oltre a rimandarvi allo schema *La soluzione del problema* che ho presentato nel mio primo libro *Fate i bravi!* (pp. 230-232), vi riporto due brevi casi da cui ricavare strategie utili.

Il papà, rincasando dopo il lavoro, viene avvertito dalla mamma che, per l'ennesima volta, Tommaso (14 anni) ha picchiato la sorella di 9 anni perché aveva preso dal suo tavolo un evidenziatore senza prima chiederglielo.

PAPÀ «Tommaso, mi sembra che abbiamo un problema da risolvere. Ne parliamo io e te subito dopo cena. Adesso ti aiuto a preparare la cartella e ti firmo l'avviso sul diario per la riunione di classe per insegnanti, genitori e ragazzi. Vediamo... sì, la riunione sarà venerdì alle 18, penso proprio di

poter partecipare anch'io con la mamma. Magari dopo andiamo a mangiare la pizza noi tre.»
(Il modo di fare del papà è assolutamente corretto: non preoccupato e decisamente positivo.)

TOMMASO «Uffa... Siete gli unici genitori che venite sempre in coppia. Tanto dicono sempre le stesse cavolate. E poi, perché dovrei partecipare anch'io? Molti miei compagni se ne stanno fuori dalla scuola ad aspettare.»

PAPÀ «La mamma e io riteniamo molto positive queste riunioni per le quali la scuola richiede anche la vostra presenza. In questo modo vi rendete conto di come noi genitori e gli insegnanti vogliamo collaborare nel vostro interesse. Sai che non si parlerà di casi singoli, ma solo della classe in generale e delle attività proposte dalla scuola.»
(Anche queste parole sono corrette perché portano un messaggio non accusatorio, ma sereno e positivo. Il papà avrebbe tanto da dire in negativo sulla scuola ma, giustamente, non lo fa di fronte al figlio per non infondergli preoccupazioni o insicurezze che non saprebbe affrontare.)

TOMMASO «Tanto quella scuola fa schifo...»

PAPÀ «Io non posso usare questa espressione perché la scuola siamo noi, sono io e sei tu. Tutti noi, come del resto i prof, i commessi e i compagni, facciamo la nostra parte e dobbiamo farla al meglio.»

TOMMASO «Quindi? Ci devo venire per forza, come al solito...»

PAPÀ «Vedo che non sei convinto. Non è la mia forza che conta, ma la tua. Devi usare la forza che hai non per distruggere o eliminare, ma per cambiare quello che ritieni sbagliato. Comunque, adesso andiamo a mangiare. Dalla cucina esce un profumino invitante...»

TOMMASO «Ci sarà il solito minestrone...» *(E intanto butta per terra in malo modo la cartella ancora aperta.)*

Dopo cena.

PAPÀ «Tommaso, vieni un attimo qua, ricordi che dobbiamo risolvere un problema? Ti avevo fissato un appuntamento.»

TOMMASO «Che pizza... Devo chiamare un mio amico per domani. Che cavolo di problema c'è?»

PAPÀ «La mamma mi ha detto che hai di nuovo strattonato tua sorella perché ti ha preso un pennarello e lo ha usato per qualche minuto.»

TOMMASO «Non capisce niente! Le ho detto mille volte che non deve prendere le mie cose...»

PAPÀ «È vero, anch'io sono geloso delle mie cose, ma è il tuo modo di reagire che è sbagliato, non il fatto in sé.»

A questo punto il papà, sempre pacatamente, prende un foglio e disegna cinque cerchi concentrici.

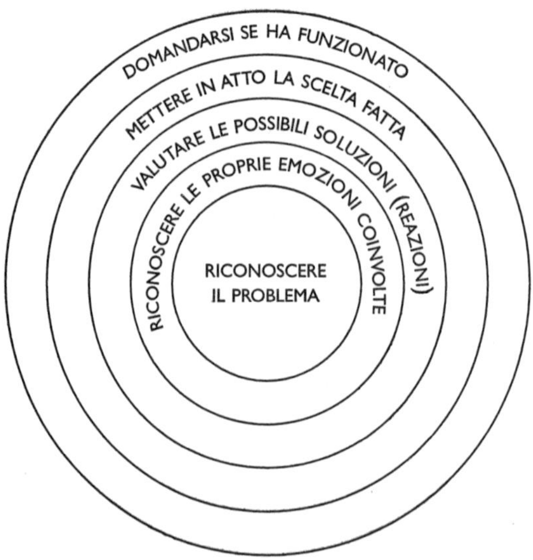

PROBLEMA Mia sorella prende e usa le mie cose senza chiedermele.

EMOZIONI Io mi incavolo.

POSSIBILI SOLUZIONI (REAZIONI)

1. La strattono o le tiro i suoi preziosissimi capelli.
2. Le riprendo di mano il pennarello e le pasticcio il compito che sta facendo.
3. Le chiedo di ridarmelo subito e le dico che ne riparleremo con la mamma e il papà.

CONSEGUENZE

1. Urla e strepiti, mi rimangono in mano i capelli... che schifo!
2. Urla e strepiti e la mamma mi sgrida perché mia sorella deve rifare il compito.
3. Ok, la mamma promette che ne parleremo e mi dice che mi sono comportato da uomo. Che ridere... Lei comunque è sempre la sua cocchina!

Il papà aiuta Tommaso a decidere quale sia la reazione che potrebbe funzionare meglio.

PAPÀ «Allora, quale sarebbe stata la soluzione giusta del tuo problema? Sicuramente la terza. La violenza non porta mai da nessuna parte. So che hai capito. Adesso chiamo tua sorella e con lei risolverò il suo problema cioè perché prende sempre le cose degli altri senza chiederle.»

TOMMASO «Sarà una perdita di tempo... Gliel'ho detto mille volte.» *(Se ne va scuotendo la testa e ridendo sotto i baffi.)*

PAPÀ «Sai quante volte io devo ripetermi le cose che devo fare per potermele ricordare? Ma quando riesco a farle bene sono la persona più felice del mondo. Così come quando torno a casa e vedo i miei figli e mia moglie sorridenti. Ecco, adesso mi prendi in giro... Mamma! Tommaso mi prende in giro...»

La serata è finita bene, non vi pare?

Questo esempio riporta una corretta presa di posizione da parte dei genitori di fronte a un atteggiamento prepotente di Tommaso.

Più difficile, come sempre, è intervenire su fatti che avvengono al di fuori delle pareti domestiche. Vediamo come.

Caterina (14 anni) torna a casa da scuola immusonita; non saluta nessuno, dice che ha mal di testa e si ritira in camera sua lasciando però il diario sul tavolo dell'ingresso perché «c'è una comunicazione da firmare».

Al momento la mamma è occupata; tra poco arriveranno gli altri ragazzi e il papà per una veloce pastasciutta. Si affaccia comunque alla porta di Caterina, che nel frattempo si è sdraiata sul suo letto al buio, e le chiede gentilmente se vuole un tè o qualcosa per il mal di testa. Caterina risponde in malo modo di lasciarla in pace e la mamma torna in cucina a occuparsi dei fornelli.

Solo al pomeriggio la mamma trova il tempo per prendere in mano il diario. Apriti cielo! La comunicazione è nientepopodimeno che una convocazione urgente dei genitori per un «fatto increscioso» nel quale sarebbe stata coinvolta anche Caterina.

La mamma si riaffaccia alla sua camera, ma Caterina sembra addormentata. In preda alla preoccupazione, con una scusa qualsiasi telefona a casa di una compagna di classe; durante la conversazione, l'altra mamma le chiede: «Hai saputo anche tu cosa è successo in classe? Per fortuna mia figlia non c'entra... Cose da matti! Se ne sentono di tutti i colori. Mio marito è quasi intenzionato a far cambiare scuola a nostra figlia!».

La mamma di Caterina finge allora che anche sua figlia non c'entri e cerca di carpire particolari.

«Sai, pare che un gruppetto di ragazze maleducate e decisamente poco serie, abbia fotografato Camilla (quella ragazzina timida che si veste male... la prima della classe) nei bagni della scuola e abbia inviato le sue foto ai maschi della classe. Mia figlia non ha il cellulare, lo sanno tutti, quindi è scagionata... anche la tua vero?»

La mamma di Caterina non sa che cosa dire: «Adesso è a letto perché non sta bene. Gliene parlerò più tardi». Poi si infila in camera di Caterina, recupera senza far rumore il cellulare della figlia e, tornata in soggiorno, trova, purtroppo, alcune foto di Camilla corredate da commenti piuttosto volgari. Si affretta allora a chiamare il marito in ufficio e gli riferisce il fatto. Molto saggiamente decidono di parlarne fra loro prima di cena e capire come procedere. Ecco che cosa stabiliscono:

- Trovarsi alla sera con Caterina ma non alla presenza degli altri figli.
- Chiedere a Caterina che cosa è successo a scuola e la ragione della convocazione.
- Accettare la spiegazione di Caterina, ma mettere nero su bianco i fatti concreti di quanto avvenuto, evitando recriminazioni o paternali che, in questa fase, non verrebbero certo accolte positivamente dalla figlia. Di fronte a un episodio di bullismo come questo, probabilmente Caterina si sente in colpa ma allo stesso tempo «vittima» della sua stessa stupidità per essersi fatta trascinare in un'azione così sbagliata.
- Proporre a Caterina la «soluzione del problema». In questa fase, infatti, se affrontata con serenità e tranquillità dai genitori, Caterina riuscirà a tirar fuori le sue emozioni e a riconoscere di avere sbagliato.
- La soluzione del problema rasserenerà Caterina (e i genitori) se si scuserà con la compagna, magari in un incontro programmato a casa propria alla presenza anche dei genitori di Camilla; se Caterina accetterà i provvedimenti disciplinari che la scuola intenderà prendere nei suoi confronti e li vedrà come un momento di riflessione e l'occasione per comprendere i comportamenti corretti da assumere in futuro; se, con l'aiuto sereno e positivo dei genitori, potrà rinsaldare nuove amicizie in classe ed evitare così di farsi condizionare da persone (gli altri ragazzi coinvolti) che certamente non possono offrirle una vita serena all'interno della società-scuola.

Naturalmente questo è solo l'inizio di un percorso volto al recupero di un comportamento sociale positivo che si sarebbe dovuto in-

È importante che i genitori di preadolescenti e adolescenti sviluppino nei figli l'«intelligenza sociale»

stillare già dal giorno zero (cfr. *Fate i bravi! (0-3 anni)*, pp. 93, 152 e 171).

Che cosa intendo dire? Anche se non l'hanno mai fatto prima, è importante che i genitori di preadolescenti e adolescenti sviluppino nei figli l'«intelligenza sociale».

Un ambiente familiare dove si parla liberamente delle proprie amicizie, dove si prendono in considerazione anche le personalità e le problematiche degli amici e dei conoscenti con spirito critico ma allo stesso tempo attento e disponibile, dove si cerca sì di comprendere ma anche di prendere le giuste distanze da comportamenti sbagliati e contemporaneamente non si demorde invece dalle proprie abitudini rispettose e responsabili... Ebbene, questo ambiente serve egregiamente alla maturazione di quelle «abilità sociali» indispensabili alla vita di tutti noi e che anche i nostri figli impareranno ad apprezzare e ricercare.

(Sul bullismo, cfr. anche i capp. 21 e 22 del mio *Fate i compiti!*.)

L'ex bambino timido (o riservato?)

Andrea (16 anni)

Ricordate il piccolo Andrea (9 anni) che, a detta dei genitori, non partecipava mai spontaneamente ai giochi e nemmeno alle conversazioni dei coetanei o degli altri adulti con cui veniva a contatto a scuola, a casa o all'oratorio?

Se genitori e educatori hanno rispettato nel tempo la sua personalità e gli hanno però anche dato spazio nelle decisioni familiari che potevano competergli (vacanze, sport, organizzazione domestica...) mettendolo così nella giusta luce, è molto probabile che sia diventato un adolescente sereno e tranquillo, una persona che difficilmente parla «a sproposito» e che continua a non dare giudizi affrettati. Spesso Andrea sembra, soprattutto ai genitori, troppo tollerante o vittima di soprusi da parte dei coetanei. Tuttavia, non è così perché in genere i ragazzi come lui hanno, inve-

I ragazzi timidi sono individui di solito molto «impegnati» a vivere e quindi è difficile vederli agire con leggerezza. Sono estremamente sensibili e prendono tutto sul serio

ce, una personalità forte e sicura che non vacilla di fronte alle difficoltà. Certo, sono individui di solito molto «impegnati» a vivere e quindi è difficile vederli agire con leggerezza, sfuggire ai loro doveri, ridere o anche solo sorridere se si accorgono che la battuta non è gradita alla persona a cui è diretta. Sono infatti estremamente sensibili e prendono tutto sul serio.

Per questi ragazzi, il rischio è quello di venire sottovalutati, soprattutto al giorno d'oggi quando ciò che conta è quasi esclusivamente l'immagine esteriore. È un vero peccato! Trascurare persone così non solo le danneggia, ma va anche a impoverire gli ambienti che frequentano.

In questi casi, i genitori, come ho sottolineato nel primo libro, devono assolutamente fare in modo che questi ragazzi abbiano in famiglia (e anche a scuola come negli altri ambienti) la stessa visibilità e importanza decisionale di tutti gli altri componenti, a costo di attendere qualche tempo per fare qualsiasi scelta comune. Diamogli tempo due giorni per dirci dove vuole andare in vacanza, accettiamo da lui magari due alternative che ritiene valide anziché una sola, chiediamogli di aiutarci a stilare un menu settimanale che vada bene anche per i fratelli minori visto che, con la sua sensibilità, capisce i gusti di tutti... Valorizziamo insomma pubblicamente le capacità di questa persona e teniamole sempre in considerazione.

L'adolescente «apatico»

Veniamo ora a considerare una tipologia che non compare nella classificazione del mio primo libro, quella dell'«apatico». Mi trovo un po' a disagio a utilizzare questo termine – con il quale si descrive tuttavia molto spesso un atteggiamento comune fra gli adolescenti – perché secondo me non risponde pienamente alla

Non esistono davvero ragazzini o ragazzi «apatici», ma solo ragazzi con cui gli adulti non riescono a comunicare

realtà dei fatti. A mio personale giudizio, non esistono davvero ragazzini o ragazzi «apatici», ma solo ragazzini o ragazzi con cui gli adulti non riescono a comunicare e di cui non sono in grado di capire la vera personalità.

Durante gli anni della preadolescenza e dell'adolescenza, infatti, i ragazzi e le ragazze sono «impegnatissimi» a crescere ovvero ad affrontare, metabolizzare e superare tutti quei cambiamenti fisici, mentali, emotivi, sociali, ecc., cui sono sottoposti in questa fase della vita.

Provate a pensare che improvvisamente la vostra statura aumenti in un anno di trenta centimetri o che resti la stessa mentre tutti i compagni di classe diventano altissimi. Oppure provate a pensare che, mentre fino alla terza media studiavate in mezz'ora un capitolo di storia, ora non riuscite a concentrarvi perché avete la mente occupata dall'idea di come siete brutti con tutti quei brufoli in faccia. O, ancora, provate a immaginarvi con gli occhiali che alla scuola elementare erano quasi un segno di «superiorità», ma adesso vi fanno definire dai compagni «quattrocchi» con tanto di risatine alle spalle. O addirittura immaginate che tutte queste cose accadano simultaneamente alla stessa persona. Che cosa le succede allora? Che non si sente capita e nemmeno aiutata a superare le proprie difficoltà; inoltre, non le viene dato alcun credito proprio a causa del suo modo di essere: ecco come nasce il nostro adolescente «apatico».

Spesso questi ragazzi si mettono in disparte perché solo in questo modo possono evitare continue sconfitte o giudizi negativi

Spesso questi ragazzi si mettono in disparte, si rifiutano di «competere» o, quanto meno, cercano di rendersi il meno visibili possibile perché solo in questo modo possono evitare di subire continue sconfitte o giudizi negativi da parte dei pari o dagli adulti educatori.

Nello sport, per esempio, questi adolescenti sono in genere goffi; perciò, si sentono spesso meno bravi dei compagni di squadra e giudicati male dagli allenatori perché partecipano senza entusiasmo agli allenamenti. Di conseguenza, messi di fronte alla scelta dello sport da praticare, preferiscono nascondersi dietro le scuse «Sono stanco», «Ho tanto da studiare», «Mi rilasso di più giocando al computer», «Faccio già educazione fisica a scuola», «Quello sport non mi piace»...

Quando i genitori li «obbligano» a partecipare a un corso sportivo e cercano persino di «rinforzarli positivamente», questi ragazzi sanno benissimo che il «rinforzo» è illusorio. Si rendono perfettamente conto che madre e padre li spingono a praticare quel dato sport solo per orgoglio personale, per poter «competere» con gli amici che hanno figli iscritti alla stessa palestra. In questi casi, la frustrazione dei ragazzi è doppia: non solo non riescono bene nell'attività sportiva, ma deludono anche i genitori. Di quanti gradini scenderà la loro autostima? Spesso mi è capitato di assistere a «infortuni immaginari» pur di non partecipare più agli allenamenti sportivi: «Se mi fanno male le gambe, non posso certo correre... e i miei genitori si preoccuperanno per me...».

Un altro genere di «apatici» sono quei ragazzi che non finiscono mai di leggere un libro perché (di nuovo!) sono stanchi. Ma, molto probabilmente, quel libro è stato giudicato dai genitori bellissimo e interessantissimo. Ancora una volta, altri hanno fatto meglio di loro...

Oppure sono adolescenti «apatici» quelli che, davanti alla prospettiva di una gita organizzata dall'oratorio, rispondono: «No, non mi interessa, sono sempre le solite persone. Poi, è il catechista ad assegnare i posti in pullman, ma io vorrei invece stare vicino al mio amico...».

Questa forma di «apatia» o di «stanchezza» – come la chiamano i ragazzi – è abbastanza comune alla loro età. Tuttavia, se indaghiamo un po', notiamo che si manifesta quasi sempre quando c'è una forma di competizione in cui il nostro adolescente ha quasi la certezza di perdere o di non essere preso in considerazione per quello che è.

Per recuperare la voglia di vivere in questi ragazzi è necessario quasi sempre «risollevare» la loro autostima a piccolissimi passi

Per recuperare la voglia di vivere in questi ragazzi è necessario quasi sempre «risollevare» la loro autostima a piccolissimi passi. Occorre spesso tornare indietro rispetto alla loro età attuale in modo che si rendano conto di quanto sono progrediti giorno per giorno, mese per mese, anno per anno, e far loro notare quanto sia aumentato il peso che hanno nella società (famiglia, scuola, ambienti frequentati nel tempo libero).

Come fare? Prima di tutto noi genitori dobbiamo riuscire a «isolarci» e a fare tabula rasa di ogni pregiudizio e confronto che finora hanno influenzato il modo in cui consideriamo il nostro ragazzo. Troppo spesso, infatti, si tende a bollarlo come «apatico» solo perché lo si paragona a se stessi o ai coetanei.

- «Tutti i tuoi compagni di scuola praticano almeno uno sport di squadra...»
- «Alla riunione di classe ci hanno detto che tu sei l'unico che non ha partecipato alla discussione sul razzismo...»
- «Eppure noi ti avevamo detto che potevi andare alla gita come fanno tutti gli altri. Perché hai detto di no?»

Vediamo che cosa si sarebbe dovuto invece dire al ragazzo nelle stesse situazioni, ovviamente rivolgendosi a lui in un tono sempre positivo e rispettoso delle sue decisioni:

- «Ti piacciono gli sport di squadra? Da ragazzino io invece praticavo solo tennis e nuoto, sport che mi impegnavano solo singolarmente. Così, però, ho imparato a misurarmi prima con me stesso e poi con gli altri. È stato un bell'allenamento. Tu che cosa ne pensi?»

- «Che idee ti sei fatto sul razzismo? Ho sentito alla riunione che c'è stata una interessante discussione nella vostra classe. Che cosa è stato detto? Avete presentato una relazione scritta? Mi fai leggere la tua?»
- «Stasera vorremmo parlarti ancora della gita scolastica: ci sembra una buona occasione ma vorremmo sapere che cosa ne pensi.»

Il ragazzo, insomma, deve sempre sentirsi rispettato nelle sue decisioni e mai paragonato o criticato perché gli altri agiscono diversamente da lui. Solo così potrà costruirsi un'autostima che gli permetta di superare quella che ci appare come «apatia».

3

Andare d'accordo in un positivo clima familiare

Prima di iniziare, permettetemi di presentarvi la famiglia Rossini che ci accompagnerà per tutto il libro, portandovi uno dei miei semplici esempi di vita vissuta. I Rossini sono sei: il papà Stefano (geometra, 45 anni), la mamma Luisa (commessa part time, 40 anni), Caterina (14 anni, primo anno di liceo scientifico), Guido (12 anni, secondo anno della scuola secondaria di primo grado), Giovanni (7 anni, secondo anno della scuola primaria) e Carlo (2 anni). Naturalmente nel libro presenterò anche altri adolescenti per rendere gli esempi più comprensibili e variegati.

Ma ora osserviamo proprio i Rossini.

L'intera famiglia è seduta a tavola. C'è una certa fretta di pranzare perché Guido deve partecipare alla finale di un torneo di basket e tutti gli altri hanno deciso di andare a fargli il tifo.

La mamma serve la pastasciutta: un bel piatto a papà, pochi maccheroni a Carlo che se li infila velocemente in bocca, porzioni normali a tutti gli altri. Giovanni è un po' lento a mangiare, ma finisce il suo piatto in un tempo ragionevole, anche se la mamma sta già servendo il secondo. Carlo si trova davanti la carne già tagliata a pezzetti e le patatine, gli altri hanno porzioni variabili, ma la carne non è tagliata, naturalmente. Giovanni è in difficoltà perché non sa tagliare la carne e, trattandosi fondamentalmente di pigrizia, dice di essere sazio. Guido, invece, fa bocconi molto grandi che quasi non mastica, lamentandosi però poco urbanamente con la mamma perché la carne è dura. Intanto, Caterina sbuffa perché avrebbe preferito pranzare a casa della sua amica. Allora, il papà, irritato dal caos, sbotta: «Se questo è il clima, io preferisco restare a casa a guardare la televisione».

Quanti errori! Certo, il clima in questa famiglia non è sereno.

Come si sarebbe potuta gestire diversamente la situazione rendendola più gradevole?

È stato il secondo piatto che ha scatenato la crisi. La mamma, conoscendo il problema di Giovanni, avrebbe dovuto chiedere al papà di tagliargli la carne e lui, nel farlo, avrebbe potuto suggerire a Guido di tagliare la sua in pezzi più piccoli per poterla digerire meglio in vista della partita. Magari avrebbe potuto farlo riferendosi alle diete dei grandi campioni, quale naturalmente Guido è nell'opinione del papà! Inoltre, il padre avrebbe dovuto subito fermare Guido nelle sue osservazioni poco carine sulla cucina della mamma, evitando così che le mancasse di rispetto. A sua volta, la mamma avrebbe potuto lanciare un sorriso complice a Caterina quasi a dire: «Guarda questi nostri uomini che si perdono in un bicchier d'acqua...».

Ribaltare le cose è una sfida interessante, spesso divertente e sempre intrigante al fine di una serena complicità familiare

Ribaltare le cose, credetemi, non è difficile! È solo una sfida interessante, spesso divertente e sempre intrigante per tutti al fine di una serena complicità familiare, quella che serve da solida base per la vita futura dei nostri figli e che ricorderanno positivamente negli anni a venire.

Nei miei libri precedenti, ho insistito su queste quattro importantissime strategie:

- Ascoltare.
- Parlare di sé.
- Condividere l'allegria e il divertimento.
- Rinforzare positivamente.

Immaginate una famiglia dove ci si ascolta con attenzione, dove ognuno parla di sé, dove si condividono l'allegria e il divertimento, dove i rinforzi positivi sono all'ordine del giorno. Certamente è una famiglia da cui non si scappa perché ci si sta proprio bene.

Bene, questi sono gli strumenti principali con cui «conquistare» il nostro adolescente, se già non l'abbiamo fatto prima o se ci sembra che sia proprio lui a non «ascoltare» il bene che gli vogliamo. Sono strategie utilissime in famiglia, ma si rivelano valide anche per gli altri educatori con cui i ragazzi si relazionano a scuola e nel tempo libero.

Ascoltare

È una parola molto usata sia dai genitori sia dai ragazzi. Quante volte, in famiglia, si sentono frasi come queste:

- «Te l'ho detto cento volte, ma tu non ascolti mai.»
- «Te l'avevo detto che non avevi studiato abbastanza.»
- «Ti ho detto che non devi rispondermi male, ma tu continui imperterrito.»
- «Hai visto che sei arrivato in ritardo? Te l'avevo detto...»
- «Come al solito i miei jeans non sono lavati... Eppure ti avevo detto che volevo metterli oggi! Tu non mi ascolti mai!»
- «Certo che ho preso la tua felpa... Te l'avevo detto, ma tu non mi ascolti!»
- «Ascoltami! Non far finta di non aver sentito...»
- «Se solo tu ascoltassi quando ti parlo...»

Non basta ascoltare passivamente come spesso facciamo noi genitori perché ci sentiamo «superiori» in quanto adulti

Sono frasi, ripetute fino alla noia, che tuttavia non portano ad alcun miglioramento.

Non basta, infatti, ascoltare passivamente come accade alla gran parte di noi genitori perché ci sentiamo «superiori» in quanto adulti. Ricordiamoci, invece, che abbiamo di fronte una persona che può essere diversa da noi, una persona che, proprio per la sua età e il suo vissuto, la pensa in modo differente, una persona che, quasi come il bambino di 3 anni che è stata, vuole assolutamente autoaffermarsi e, a proprio modo, assumersi la responsabilità delle sue scelte e delle sue decisioni.

Inoltre, ricordiamoci che le conversazioni e le interazioni con i nostri adolescenti non devono essere una guerra e neanche un semplice gioco di forza. La famiglia è una squadra: o tutti si vince o tutti si perde!

Allora alleniamoci ad ascoltare in modo rispettoso e partecipe. Non sempre è facile, ma si può e si deve fare!

Come?

Ecco le regole di base:

- Guardare in faccia il ragazzo che sta parlando.
- Non interromperlo per nessun motivo e aspettare che abbia finito di parlare.
- Chiedergli rispettosamente chiarimenti su aspetti del suo discorso che non abbiamo capito.

Vi faccio un esempio per chiarire quello che ho detto.

Sono le 10 di domenica mattina. In casa Rossini sono presenti solo Caterina (14) e il papà che legge il giornale seduto sul divano.

Conversazione errata

CATERINA *(arrivando in pigiama dalla sua camera)* «Ciao, che bella la festa di Giulia ieri sera! Ho persino fumato...»

PAPÀ «Cosa???????? Hai fumato? Sei matta? Da adesso fino ai 16 anni, basta feste di nessun genere! Te l'avevamo detto che Giulia è una matterella e con lei tutta la sua famiglia...»

CATERINA *(tornando in camera sua e sbattendo la porta)* «A te non si può mai dir niente!»

PAPÀ «Io non ho mai fumato da bambino e non ho mai risposto così ai miei genitori!»

CATERINA «Certo, sei nato nell'Età della Pietra. E adesso fumi come un turco!»

Conversazione corretta

CATERINA *(arrivando in pigiama dalla sua camera)* «Ciao, che bella la festa di Giulia ieri sera! Ho persino fumato...»

PAPÀ «Aspetta un attimo, fammi capire bene: che cosa è successo esattamente?»

CATERINA «Mi sono sentita strana e ho tossito subito con le lacrime agli occhi...»

PAPÀ «Non posso dire che la cosa non mi preoccupi. Che cosa hai fumato e chi te l'ha dato?»

CATERINA «Erano sigarette in un pacchetto rosso... Sai, la solita marca che fuma anche lo zio. Tutti fumavano...»

PAPÀ «... e tu non hai voluto essere da meno...»

CATERINA «Già, è andato tutto bene fino a quando mi sono sentita quasi male...»

PAPÀ «Mi sembra che non sia stata un'esperienza gradevole. Penso che dovresti parlarne anche con la mamma. Tra donne vi intenderete meglio...»

Non è mai il caso di aggredire, seppure a parole, il nostro adolescente

Come vedete, non è mai il caso di aggredire, seppure a parole, il nostro adolescente. Servirebbe solo a farlo allontanare o mentire. Noi, invece, vogliamo che venga da noi ogni volta che ha un problema. Anzi, molto spesso è proprio l'adolescente che butta lì una frase per vedere le nostre reazioni e parlarne con noi. Per questo noi dobbiamo sempre mostrarci disponibili e non metterci immediatamente nella posizione di chi giudica.

Ci sono alcune espressioni o brevi frasi che possono rivelarsi utili in un ascolto interattivo. Eccone qualche esempio:

- «Davvero? E poi?»
- «Tu che cosa ne pensi?»
- «Spiegami meglio...»
- «Parliamone.»
- «Come è successo?»
- «E i tuoi amici che cosa hanno detto? Cosa hanno fatto?»

Lo so, quando si viene presi in contropiede dal nostro adolescente (piercing, tatuaggio, bigiare la scuola, fumare, bere...), è molto difficile rimanere calmi e chiedere compostamente di essere informati dell'accaduto. Però è indispensabile gestire correttamente la propria arrabbiatura e rimandare qualsiasi giudizio o punizione a un altro momento.

Parlare di sé

Fin da piccolissimo, il bambino vede il genitore come il suo «mito», la persona che lui vorrebbe essere o diventare. La scalata verso questo mito è difficilissima per il bambino. Mettiamoci nei suoi panni: vorrebbe camminare e correre come la mamma e riesce a malapena a stare in piedi; vorrebbe versare l'acqua nei bicchieri come il papà, ma in genere viene sgridato perché la rovescia; vorrebbe parlare al telefono, però quasi sempre viene allontanato bruscamente; vorrebbe sonnecchiare sul divano come il papà che guarda il telegiornale ma viene mandato subito in camera e nel suo letto; vorrebbe tagliare la stoffa per fare un vestito alla bambola, ma la mamma dice che le forbici sono pericolose...

Però, a poco a poco il bambino cresce e, imitando proprio i genitori, impara quasi tutto quello che loro sanno fare tanto bene, e acquisisce la capacità di badare a se stesso almeno per quanto riguarda la sua fisicità.

Molto più difficile è invece imparare a gestire le proprie emozioni perché, per fortuna, ognuno di noi ne ha di diverse e quel che va bene per la mamma e il papà molto spesso non va bene per il nostro bambino che sta crescendo.

- A Carlo piacciono le canzoni dello Zecchino d'Oro e agli altri membri della sua famiglia no!
- Ugo, il suo compagno di banco, è il miglior amico di Giovanni, anche se alla mamma non è simpatico perché dice un mucchio di parolacce.
- Guido stravede per Carlotta, la ragazzina del piano di sopra, anche se il papà non vuole che la frequenti perché la vede spesso tornare con un gruppo di ragazzi troppo sguaiati.
- Caterina passa ore al telefono con Giovanna e Luisa, ma la mamma dice che sono due perditempo e basta.

A cominciare dai 10 anni i compagni di scuola e gli amici in genere si sostituiscono al «mito genitore»

A cominciare dai 10 anni – a volte anche prima al giorno d'oggi – i compagni di scuola e gli amici in genere si sostituiscono al «mito genitore»: è più facile infatti per i nostri figli misurarsi con i coetanei o con i ragazzi appena più grandi di loro che con gli adulti che li circondano. Gli adulti, infatti, li trattano sempre come degli «incapaci», mentre loro sanno e sentono di sapere molto di più e di avere energia da vendere. È l'adoloscenza che arriva e, grazie a Dio, il nostro ragazzino si sente quasi sempre onnipotente.

Da questo ragazzino-dio escono spesso frasi come:

- «Certo che sono preparato per l'interrogazione!» (E si prende un bel 4!)
- «Faccio una corsa e arrivo in tempo a scuola.» (Si è alzato dal letto dieci minuti fa: ennesima nota di ritardo.)
- «Mi anticipi la mancia? Non mi ricordo dove ho messo quella che

mi hai dato settimana scorsa...» (Probabilmente è andato da McDonald's con i compagni...)

Se però noi genitori siamo stati per lui davvero un mito, cioè se siamo stati accoglienti, positivi e divertenti per diversi anni, è molto probabile che possiamo continuare a esserlo. Come? Parlando di noi!

Tutti ricordiamo momenti della nostra infanzia, della nostra adolescenza, della nostra vita, insomma. Rendiamo i nostri figli partecipi di questi ricordi. Soffriamone o ridiamone con loro o magari, semplicemente, facciamone la cronaca quasi leggessimo un giornale o guardassimo un video; i nostri ragazzini ne faranno tesoro anche se al momento – come fanno ancora oggi i miei figli e nipoti con me! – ci prenderanno un po' in giro. Tuttavia, in loro rimarrà sempre il ricordo di una situazione difficile superata, di un dolore che si è riusciti a trasformare in forza per andare avanti, di un istante felice che si vuol rivivere insieme.

Poi parliamo di noi anche al presente. Nei miei libri precedenti ho sottolineato come i comportamenti di ogni persona siano sempre reazioni a stimoli esterni o interni; ebbene, a mio parere, l'essere umano non è cambiato con il passar del tempo: si sarà trasformato l'ambiente nel quale l'uomo vive, ma non le emozioni che prova nel corso della sua vita. Quindi, se i figli ci sentono parlare delle nostre emozioni, dei nostri problemi, dell'avventura della nostra vita, molto probabilmente l'esempio che diamo rimarrà impresso nella loro mente e nel loro cuore. Con ciò, non mi riferisco solo alle parole dette, ma soprattutto al vissuto comune: un sorriso rivolto ai figli anche quando si torna a casa ancora preoccupati per una «grana» di lavoro; qualche minuto dedicato ad aiutare la mamma ad

Se i figli ci sentono parlare delle nostre emozioni, dei nostri problemi, dell'avventura della nostra vita, molto probabilmente l'esempio che diamo rimarrà impresso nella loro mente e nel loro cuore

apparecchiare la tavola invece di guardare la TV; una pagina del libro di storia commentata insieme a Guido che dice di non aver capito niente... Insomma, momenti di vita vissuta che colpiscono più di mille parole.

Condividere l'allegria e il divertimento

Che bello veder ridere una persona! Un mio difetto di oggi, e forse di sempre, è che rido troppo poco. Eppure importanti studi scientifici sottolineano che ridere fa molto bene alla salute.

Mi sto sforzando, però, di migliorare e mi piace tanto ridere con i miei nipoti.

Cari genitori di adolescenti, imparate o continuate a ridere con loro, non mostrate sempre il vostro lato preoccupato

Bene, cari genitori di adolescenti, imparate o continuate a ridere con loro, non mostrate sempre il vostro lato preoccupato. Ci sono mille cose di cui potete tranquillamente ridere e con cui farli ridere. Un po' di humour, anche se solo all'inglese e a denti stretti, non fa mai male.

- «Guarda, Guido, la mia pancetta mi rende difficile il mettermi le calze, cosa che avevo imparato a fare a 1 anno. Povero me, bisogna che mi rimetta in forma, mi aiuti a riprendere a correre?» (E giù una bella risata consolatoria.)
- «Caterina, spero che non ti vergognerai a fare la spesa assieme al tuo vecchio papà... con tutti i ragazzi che ti corrono dietro.» (Un bel sorriso e una carezza verranno certamente ricambiati da Caterina.)
- «Carlo, possibile che tu mi faccia sempre goal? Sono proprio arrugginito!»
- «Regina Mamma, può un umile cavaliere come Papà chiederle di uscire al cinema con lui? Naturalmente affidando gli scudieri a Sua Maestà la Regina Madre?»

A volte basta poco per trasformare una situazione scontata e noiosa in un momento sorridente e sereno.

Ricordate, inoltre, di fare paragoni ironici.

NO – Sei lento come una lumaca.
SÌ – Non so se la lumaca vincerebbe una gara con te. Sei un gran campione.

NO – Mangiare solo carne o solo verdura non fa bene alla salute.
SÌ – In questa famiglia ci sono erbivori e carnivori. Darò un premio a chi diventa onnivoro: l'aiuto a sparecchiare prima della partita.

L'esempio appena fatto ci introduce immediatamente all'ultima, ma non meno importante, strategia.

Rinforzare positivamente

Anche di questo ho parlato a lungo nei miei libri precedenti. In sintesi, il rinforzo positivo è l'approvazione di un comportamento corretto, espressa con parole, gesti o azioni.

Per la spiegazione completa di che cosa sia il rinforzo (sia positivo che negativo ovvero la punizione), rimando al mio primo libro (cfr. *Fate i bravi!*, pp. 175-202) e al prossimo capitolo.

Nella fascia d'età di cui stiamo parlando, è molto facile – oltre che utilissimo – usare il rinforzo positivo. Tuttavia, nella realtà quotidiana la maggior parte dei genitori usa quasi esclusivamente quello negativo o, peggio ancora, trascura completamente il proprio compito educativo.

Vedete, quando il vostro Guido aveva 1 anno, non vi trattenevate certo dal dirgli «Bravo!» se riusciva ad alzarsi in piedi da solo, se si metteva in bocca il pezzetto di banana, se beveva dal bicchiere di vetro, se tirava un calcio alla palla o se vi chiamava per nome.

Ma adesso, a 12 anni, Guido che cosa fa di bello e di buono?

a. Risponde male o non risponde.
b. È sempre spettinato e scomposto.
c. Lascia tutto in disordine.
d. Alza il volume della TV fino ad assordare tutti i presenti.
e. A tavola è un disastro.

Qualsiasi miglioramento comportamentale che si voglia ottenere parte da un rinforzo positivo

Eppure qualsiasi miglioramento comportamentale che si voglia ottenere parte sempre da un rinforzo positivo.

Allora osserviamo attentamente il nostro Guido, la nostra Caterina, i nostri figli adolescenti, e catturiamo gli attimi in cui possiamo rinforzarli positivamente.

- «Ho capito bene? Volevi forse dire che...»
- «Quando sei dritto sembri più alto di me, bisogna che mi rassegni!»
- «Ho trovato questo bel contenitore per i tuoi CD.»
- «So che puoi abbassare il volume: ho mal di testa.»
- «Oggi hai mangiato compostamente, mi sembra di vedere me stesso quando ero in collegio. Bravo!»

Sono molto frequenti i momenti in cui i nostri figli hanno bisogno di un rinforzo positivo; noi, invece, ci limitiamo a «preoccuparci» di quello che non va. È, però, assai più utile «occuparsi serenamente» di quello che va bene per rendere quel comportamento una buona abitudine, la buona abitudine della felicità.

E allora...

- «Caterina, mi ero quasi dimenticata che tu avessi una maglietta di quel bellissimo azzurro! Bisognerà comprarne un'altra dello stesso colore!» (*Invece di criticare il fatto che la maglietta è diventata stretta e corta.*)
- «Meno male che mi hai aiutato a portare i sacchetti della spesa,

Guido, se non ci fossi tu...» (*Non lo fa mai, forse adesso si sentirà in dovere...*)

- «Caterina, hai visto come ti ha sorriso la signora a cui hai lasciato il posto in metró? Sei stata attenta e gentile!» (*Di solito dovete suggerirglielo, ma stavolta è bastata un'occhiata.*)
- «Guido, ho visto che hai aperto la porta e lasciato passare la tua professoressa prima di uscire tu con i tuoi compagni; è un atto da gentiluomo. Bravo!» (*Generalmente i ragazzini si buttano fuori travolgendo la prof.*)
- «Guido, grazie per i minuti che mi regali ogni mattina ricordandoti di rifare il tuo letto.» (*Abbiate pazienza se il letto è fatto male. Apprezzate il gesto.*)

Cari ragazzi... Perché non andare d'accordo in un positivo clima familiare?

In questo capitolo ho suggerito ai genitori e agli educatori in genere quattro strategie importanti che andrebbero sempre adottate per instaurare un clima sereno sia in famiglia sia negli ambienti frequentati da voi ragazzi:

- *Ascoltare.*
- *Parlare di sé.*
- *Condividere l'allegria e il divertimento.*
- *Rinforzare positivamente.*

Ho spiegato agli adulti come queste quattro strategie siano indispensabili in un rapporto positivo tra genitori e figli, ma anche tra amici, compagni di scuola, giocatori della stessa squadra (vedremo più avanti le strategie del Bravo Sportivo, cfr. pp. 97-104).

*Voglio lanciare lo stesso messaggio anche a voi, insistendo soprattutto sulle prime due. Nella situazione che vi ho presentato nell'*Introduzione *rivolta a voi, sarebbe bastato che il ragazzo avesse* ascoltato *la prof quando ha assegnato il compito di storia e avesse* parlato di sé. *Per esempio, avrebbe potuto domandare alla prof come andava studiato il capitolo perché non aveva ben chiara quale sarebbe stata la richiesta del test in classe.*

Sono certa che qualsiasi prof, se interpellata in modo rispettoso e responsabile, risponde in modo altrettanto rispettoso e responsabile!

Voi sovente domandate agli adulti: «Ma sei connesso?». Ebbene, è una domanda che anche voi, che sicuramente volete essere considerati adulti, dovreste farvi spesso

Insomma, walk the talk! *Ascoltate, ragazzi, e poi parlate di voi in modo rispettoso e responsabile. Voi sovente domandate agli adulti: «Ma sei connesso?». Ebbene, è una domanda che anche voi, che sicuramente volete essere considerati adulti, dovreste farvi spesso. Molto più semplicemente dovreste imparare ad* ascoltare, *non soltanto a udire suoni mentre ne metabolizzate altri. Alludo, per esempio, a quando pensate alla musica dell'iPod e intanto la prof parla o la mamma vi chiede qualcosa oppure il papà commenta il suo lavoro. Ascoltare è imparare, la vera «cultura» si costruisce per emozioni e per esperienze! Ne parleremo ancora.*

Da domani mattina prendetevi la briga di *ascoltare* almeno una volta in più del solito

Allora da domani mattina prendetevi la briga di ascoltare *almeno una volta in più del solito. Come? Nel saluto della mamma alla mattina potrete* ascoltare *il suo pensiero affettuoso che vi accompagnerà a scuola, nella voce della prof* ascolterete *la preoccupazione di vedervi solo critici e non complici della lezione, in quella del fratellino la paura di darvi solo fastidio, in quella della nonna al telefono il desiderio di vedervi più spesso, in quella del compagno di banco la ribellione per essere stato punito con un brutto voto... Tante emozioni che vi dicono mille cose della vostra vita e di quella altrui, tante possibilità (esperienze?) che vi renderanno con il tempo la persona civile e di successo che senz'altro volete diventare.*

In qualsiasi società tutti sono educatori, di certo non solo gli adulti, ma anche i ragazzi! Nessuno, infatti, nasce sapendo come comportarsi in ogni occasione. Il neonato è una tabula rasa e, giorno per giorno, impara reagendo agli stimoli che gli arrivano dall'esterno o dall'interno. Come dico sempre alle neomamme: «Il vostro neonato è tranquillo nella sua culla e si guarda le manine. Voi mamme ne approfittate subito per andare a stirare. Ma poi il piccolino si mette a strillare e voi correte subito da lui. Avete così insegnato al vostro neonato che, per far arrivare la mamma, lui deve strillare; in altre parole, gli avete insegnato un comportamento...».

Lo stesso vale per noi grandi. Se regaliamo un mazzo di fiori alla nostra ragazza e quella non ci ringrazia nemmeno, certo non ci preoccupiamo di essere gentili con lei la prossima volta. Se invece lei ci sorride, allora probabilmente prendiamo l'abitudine di sorriderle anche noi, anche se non sempre con un fiore.

Da che mondo è mondo, l'uomo ha sempre «imparato» dall'esperienza i suoi comportamenti, sia quelli relativi al benessere fisico sia quelli legati alle emozioni. Se abitava in luoghi freddi, si copriva con le pelli degli animali; se viveva vicino al mare, pescava per nutrirsi. Se aveva paura degli animali feroci, si difendeva con il fuoco...

Ci si educa reciprocamente. E un comportamento positivo suscita sempre una reazione positiva

Al giorno d'oggi, se Carletto è freddoloso, si veste con felpe di pile caldissime. Se Luisa è bravissima in matematica, sceglie il liceo scientifico. Se i miei amici mi dicono che sto benissimo con i capelli corti, ecco che me li taglio quasi a zero.

Ragazzi, ci si educa reciprocamente. E un comportamento positivo suscita sempre una reazione positiva. Ricordatevelo... e mettetelo in pratica!

4

Il rinforzo positivo

Nei miei libri precedenti ho evidenziato come ciascuno di noi sia portato a ripetere un comportamento, di qualsiasi genere esso sia, se «rinforzato» nel bene – con il rinforzo positivo – oppure nel male, con la punizione. A mio giudizio, il rinforzo positivo è sempre lo strumento migliore di cui un educatore dispone per instaurare buone abitudini che si configurano, appunto, come la ripetizione di comportamenti corretti.

Il rinforzo positivo è sempre lo strumento migliore di cui un educatore dispone per instaurare buone abitudini

Il rinforzo positivo è uno strumento prezioso anche con gli adolescenti, da utilizzare innanzi tutto per raggiungere i due obiettivi principali del compito educativo: il rispetto e la responsabilità.

Partiamo dal senso di responsabilità che dobbiamo inculcare nei nostri ragazzini (e che, anzi, avremmo dovuto cominciare a trasmettere già quando erano bambini, fin da piccoli). Vediamo un esempio con Guido Rossini (12).

Sono le 18,30, Guido è in camera sua a preparare la cartella, Caterina (14) è al telefono sul balcone di casa, mentre il piccolo Carlo (2) scorrazza sul triciclo in corridoio trascinando per ogni dove oggetti più o meno fragili che trova sul proprio percorso. La mamma è occupata in cucina a preparare la cena ma, vedendo Carlo in pericolo, chiama Guido e gli chiede di occuparsene. Il nostro dodicenne raggiunge sbuffando il fratellino in corridoio, sposta gli oggetti pericolosi dalla traiettoria del triciclo e torna subito in camera sua.

Mentre apparecchia la tavola, la mamma gli dice: «Grazie, Guido, non potevo proprio controllare Carlo da qui...».

Che cosa c'è di sbagliato, o di non molto corretto, in questo esempio? Solo un particolare, ma molto importante: manca un vero rinforzo positivo che avrebbe aggiunto un riconoscimento importante al senso di responsabilità di Guido. Ricordiamo sempre che, sentendoci responsabili di noi stessi e dell'ambiente familiare (o scolastico o lavorativo o occasionale) che ci circonda, non facciamo un «favore» agli altri, ma aggiungiamo un valore importantissimo al nostro modo di essere.

Nell'esempio, il semplice «grazie» della mamma è quasi un atto di sottomissione che sminuisce il comportamento di Guido. La mamma avrebbe invece potuto dire: «Sei proprio un ragazzo responsabile: hai aiutato Carlo che è ancora troppo piccolo per capire i pericoli che corre e hai aiutato anche me che ero impegnata a preparare la cena per tutti! Sono orgogliosa di te!». Con queste parole, la mamma avrebbe rinforzato il comportamento positivo del figlio con una spiegazione argomentata e corretta.

Facciamo ora un altro esempio che riguarda Caterina (14).

Sono le 8 di un giorno lavorativo e scolastico. Caterina è ancora in camera sua a vestirsi. Il papà è un po' in ansia dal momento che deve accompagnarla a scuola e ha un appuntamento alle 9 in ufficio. È preoccupato anche perché ultimamente ci sono state discussioni e scenate proprio prima di uscire poiché Caterina tende a scegliere abiti poco adatti alla scuola.

Finalmente Caterina esce dalla sua stanza ed è vestita correttamente, con un paio di jeans e una maglietta che le copre ben bene l'ombelico.

Allora il papà le dice: «Meno male che non ti sei conciata come al solito...».

Orrore! Il papà avrebbe dovuto dire invece: «Come ti stanno bene quei jeans e quella maglietta. Non avevo dubbi che saresti diventata una persona corretta e responsabile anche di ciò che indossa. Non è l'abito che fa il monaco, ma è il monaco che fa l'abito: me lo diceva sempre mio padre! Già, ai miei tempi c'erano ragazzi che si vestivano da barboni squattrinati e sporchi. Stamattina tu sei proprio una bellezza».

Con queste parole, il papà non accenna minimamente al comportamento sbagliato di Caterina, ma rinforza solo quello positivo. E sarà questo piacevole rinforzo che aiuterà Caterina a ripetere lo stesso comportamento e a sentirsene positivamente responsabile.

In questo tipo di rinforzo positivo – che, sottolineo, non consiste in un riconoscimento «materiale» – è importantissimo usare il pronome «TU» in modo corretto. Nella comunicazione tra ragazzo e educatore, l'adulto non deve infatti mai essere aggressivo né prevaricante. Se i genitori hanno un'idea diversa da quella del figlio non devono cedere alla tentazione della critica per la critica, con forme quali: «Tu sbagli...», «Tu non sai...», «Tu pretendi...». È bene invece che cerchino sempre di chiarire con serenità il loro punto di vista, per esempio dicendo: «Io penso che non sia giusto...» oppure «Io mi sono informato e sono venuto a sapere che...» o ancora «Io non ho la possibilità di...».

Nella comunicazione tra ragazzo e educatore, l'adulto non deve mai essere aggressivo né prevaricante

Allo stesso tempo, il rinforzo positivo non deve essere finalizzato al compiacimento della persona che rinforza (sia egli genitore o educatore in genere), ma deve riferirsi esclusivamente al ragazzo che ha messo in atto quel comportamento. Per questo motivo, formule ottimali per il rinforzo possono essere: «Tu sei in grado...», «Tu hai fatto...», «Tu hai aiutato...», «Tu ti sei comportato bene...» o «Tu ti sei dimostrato responsabile...». Poi si può certamente aggiungere o premettere: «Io ho apprezzato questo tuo modo di fare».

In conclusione, consiglio di prestare grande attenzione nell'usare nomi e pronomi. Ricordate sempre di non aggredire, ma di riconoscere: questo è anche un insegnamento molto importante volto ad accrescere il senso di rispetto reciproco. È difficile infatti ribellarsi a chi non ci contesta, ma mette invece in luce le nostre positività!

Un altro accorgimento per attuare il rinforzo positivo – e per migliorare l'atmosfera familiare in genere – è quello di farsi sentire dai figli parlar bene di loro.

Quante volte mi è capitato sentire madri e padri pronunciare, alla presenza dei loro figli, frasi quali: «Non ne posso più!», «È una bugia vivente!», «Non fa altro che capricci!», «Non ha mai studiato una riga!», «Puzza come una capra!» o «È intelligente ma...».

Attenzione! Osservazioni di questo genere servono egregiamente a far sentire il ragazzo assolutamente incapace di qualsiasi realizzazione positiva.

Io consiglio caldamente di formulare qualsiasi commento negativo quando il diretto interessato è assente.

Ricordate anche di valutare positivamente ogni membro della famiglia in modo da dare a ciascuno e a tutti il proprio spazio

Al contrario, lasciate che i figli sentano mentre parlate al telefono con la nonna e dite: «Pensa, ha preso una bella sufficienza in latino!», «Ieri sera avevo mal di testa e Guido ha riordinato la cucina tutto da solo...» oppure «Caterina ha stirato persino la mia camicetta, sta diventando bravissima!».

Ricordate anche di valutare positivamente ciascun membro della famiglia, facendolo però in momenti diversi, in modo da dare a ciascuno e a tutti il proprio spazio. Quest'altro accorgimento vi mette al riparo dal pericolo di gelosie inutili e fuori luogo.

Vediamo un esempio. Tutti sono seduti a tavola per la cena. La mamma dice: «Caterina è stata magnifica. Oggi pomeriggio avevo uno dei miei soliti mal di testa e si è occupata lei di Carlo per un paio d'ore». Interviene allora Guido: «Anch'io lo saprei fare...». «Certo, ma adesso stiamo parlando di oggi» ribatte la mamma.

Vedete? Così ognuno ha avuto il proprio spazio. Con il sorriso sulle labbra e senza polemiche.

Non dimenticate poi di rinforzare positivamente anche i comportamenti di voi adulti.

- «Papà è veramente bravo a lavarmi la macchina!»
- «La mamma ha preparato proprio una bella festa per i nonni!»

Anche se non lo riconoscono apertamente, i figli apprezzano il fatto che la mamma e il papà si vogliano bene e si stimino a vicenda, persino quando i due sono separati perché, in qualche modo, «intuiscono» di essere nati proprio da questa complicità. E, infatti, ne sono la prova vivente!

Cari ragazzi... Rinforzatevi e rinforzate i vostri genitori!

Fra voi, ragazzi, molti sono quelli che ripetono continuamente la frase: «Tanto a loro non va bene mai niente», riferendosi ai genitori, agli insegnanti e spesso anche agli allenatori sportivi. Al loro opposto ci sono quei ragazzi che si sentono sempre e comunque «bravissimi» e ritengono di saper fare tutto benissimo (attenti, però, quest'ultima è una nuvoletta dalla quale si può cadere facilmente e farsi un gran male!). L'atteggiamento più corretto e salutare è invece quello di chi dice: «Vediamo che cosa so fare; è proprio da lì che devo partire».

L'atteggiamento più corretto e salutare è quello di chi dice: «Vediamo che cosa so fare; è proprio da lì che devo partire»

Questa è una strategia che voi potete, anzi dovete, usare non solo nei riguardi di voi stessi, ma anche in quelli dei vostri genitori, e che sfocia in un rinforzo positivo.

Vi faccio il solito esempio. Immaginiamo che, soli in casa, decidiate di mettere in ordine lo scaffale dei libri di scuola. Tirate giù tutto, spolverate, dividete libri e quaderni per materia, buttate via i fogli inutili e le biro che non funzionano più, per poi riporre ordinatamente sullo scaffale tutto ciò che vi serve. Siete soddisfatti: lo scaffale ha un aspetto decisamente migliore e, a colpo d'occhio, riuscite a individuare subito proprio il libro di cui avete bisogno. Tornando a casa, la mamma entra in camera vostra e nota qualcosa di diverso. Vediamo le sue possibili reazioni.

1. «Apri questa benedetta finestra. C'è un'aria polverosa che soffoca. Vedo che finalmente hai deciso di metterti a studiare e sullo scaffale non c'è il solito caos...»
2. «Ma che cosa è successo a questa stanza? Sembra lo studio di un avvocato! Che ordine sullo scaffale... Mi sembra che adesso ci sia spazio persino per i CD...»

Che cosa ne dite? Qual è la reazione che rinforza positivamente? Be', la seconda. Sapete infatti anche voi che la stanza non è perfetta, ma lo scaffale in ordine è una buona base di partenza che vi invoglia a proseguire nel riordino.

Anche voi ragazzi potete «rinforzare» i comportamenti positivi dei vostri genitori e delle persone in genere con le quali avete a che fare quotidianamente. Il rinforzo positivo è un'abilità sociale che vi si rivelerà utile in svariate situazioni della vita, rendendovela più gradevole.

Immaginiamo... Uscite da casa di corsa, siete in ritardo, lasciate per terra i libri che avete tolto dalla cartella e che non vi servono per le lezioni di oggi. Sul pavimento sono rimasti anche un libro che dovete restituire a un compagno e un altro da rendere alla biblioteca della scuola. Tornate a casa e andate in camera e...

1. «Mamma, dove cavolo hai messo i libri che devo rendere al mio compagno? Li avevo lasciati in terra e adesso non ci sono... Tocchi sempre le mie cose!»
2. «Mamma, grazie, ho visto che hai raccolto i miei libri da terra. Scusa, non avevo fatto in tempo a metterli a posto. Stasera mi aiuti a riordinare lo scaffale?»

Come pensate che risponderà la mamma a queste due vostre reazioni? Solo la seconda è un rinforzo positivo, cioè la mette nella condizione di sentirsi apprezzata per quello che ha fatto rendendola disponibile ad aiutarvi ancora.

Cercate sempre il bene in voi e in chi vi sta accanto

La prima reazione, invece, non fa altro che aumentare le distanze tra voi e la mamma, perché è solo denigrante e ingiustamente accusatoria verso una persona che vuole il vostro bene.

Pensateci, ragazzi, cercate sempre il bene in voi e in chi vi sta accanto. È da lì che si deve partire per cambiare il mondo, proprio a cominciare da noi stessi e dal nostro orticello personale!

5

Lasciamo andare la mano che abbiamo stretto fin dai primi passi

«Io so come fare!»

Quanto vorremmo sentire i nostri figli, adolescenti e non, pronunciare queste parole! E, soprattutto, quanto vorremmo che corrispondessero al vero!

Eppure quasi nessuno di noi genitori – me compresa, come vedrete dall'esempio che vi porterò fra breve – si dimostra costantemente coerente con questo auspicio. Anche se abbiamo la massima stima dei nostri figli, proprio perché sono nostri, continuiamo, spesso per tutta la vita, a dar loro consigli, a volerli aiutare, a suggerire cosa va fatto e in che modo.

Permettetemi un ricordo personale in cui mio figlio Matteo, oggi sposato e padre di tre magnifici figli, mi ha dato una grande lezione. All'inizio della primavera di un paio d'anni fa gli ho ricordato al telefono di sottoporsi a una cura di vitamine. Mi è venuto spontaneo dirglielo perché il mio pediatra insisteva sempre che la primavera è la stagione in cui, al di là delle apparenze, si diventa più deboli.

Mio figlio mi ha risposto con un sorrisetto (sì, eravamo al telefono, ma vi assicuro che mi è sembrato di vederlo!): «Mamma, quanti anni ho?».

«Scusa, hai ragione. Ma, sai, mi tornano sempre in mente le parole del professor Baldi...» ho cercato di giustificarmi io.

Non è infrequente che Matteo, con le sue parole, mi rimetta in riga.

Nonostante questo episodio, come mamma e come nonna io ho sempre preferito non interferire molto con consigli e suggerimenti nelle scelte dei miei figli e dei miei nipoti, limitandomi a «osservare» e a stupirmi della meraviglia delle loro vite che evolvevano. Dal canto mio, ho sempre cercato invece di essere, per quanto mi è stato possibile visto il mio carattere caotico e iperattivo, un esempio positivo. Sono un'inguaribile romantica, devo ammetterlo, e più divento vecchia più mi convinco che effettivamente le emozioni, e quindi gli insegnamenti veri, si trasmettono di pelle e non con le parole.

Al giorno d'oggi purtroppo questo passaggio è diventato spesso una vera e propria guerra che può terminare senza «vincitori», ma con soli «perdenti»

Già, è proprio così: ragazzi e genitori devono trovare il modo di «lasciarsi» nel modo più sereno e graduale possibile. Al giorno d'oggi purtroppo questo passaggio è diventato spesso una vera e propria guerra destinata magari a terminare senza «vincitori», ma con tutti i partecipanti «perdenti» che continueranno a essere preda di un'amarezza senza fine. Quando le cose vanno così, forse l'unica soluzione possibile è riprendersi per mano e ripercorrere insieme un pezzo di strada, quella che, forse, avevamo saltato a pie' pari perché ritenuta inutile o addirittura impraticabile.

Cerco di chiarire con uno dei miei soliti esempi della famiglia Rossini.

Caterina (14) chiede alla mamma se può andare sabato sera a una festa di compleanno in casa di una compagna di scuola. La mamma, che sta scrivendo la lista della spesa e intanto tiene in braccio Carlo intento a scarabocchiare con la matita sul tavolo della cucina, le risponde che non è il momento di parlarne e che comunque lei non conosce la famiglia di questa compagna.

Subito Caterina obietta: «Già, quando mai ti sei informata sui miei compagni di scuola?».

E la mamma: «Sei in prima liceo solo da due mesi. Come avrei potuto conoscere tutti i tuoi nuovi compagni? E poi tu non mi racconti mai niente...».

Al che, Caterina: «Che cosa vuoi che ti dica? A te interessano solo i voti miei e degli altri. Al massimo mi chiedi come sono vestiti i miei compagni per poi commentare che ci vorrebbero le divise! E non sei andata nemmeno alla prima riunione di classe...».

La mamma si giustifica con tono acido: «Carissima, sai bene che avevo Carlo con la varicella! Certo che i voti mi interessano! Voglio capire in che classe sei finita e, per quanto riguarda i vestiti, non voglio vederti frequentare gente con l'ombelico di fuori e più tatuaggi che pelle!».

Ma Caterina ribatte: «Be', anche lo zio ha un tatuaggio e non mi sembra una persona da evitare...».

E la mamma, in difesa del fratello: «Si è fatto fare quel tatuaggio per gioco anni fa durante un viaggio in Australia».

Però Caterina non molla: «Magari anche i miei amici hanno fatto un viaggio in Australia...».

A questo punto la mamma crolla: «Come sempre, con te è inutile parlare. Mi dai costantemente contro. Eppure mi sembra che sia io sia tuo padre facciamo di tutto per te e per i tuoi fratelli».

La ragazza estrae il cellulare dalla tasca, se ne va in camera sua e chiude la porta.

Purtroppo, anche la comunicazione con la mamma è una porta chiusa!

A una prima lettura, questa situazione sembrerebbe esemplificare solo la mancanza di una corretta comunicazione tra madre e figlia, fenomeno peraltro piuttosto comune.

A mio parere, però, va interpretata diversamente, in una chiave forse un po' «scomoda» per le mamme (come sapete, però, sono una mamma anch'io e ho commesso spesso in prima persona l'errore che sto per illustrarvi!).

La mamma Luisa, anziché dire chiaro e tondo a Caterina che non le permette di andare alla festa, cerca di «coprire» la propria emozione – ovvero la paura degli incontri che la sua «bambina» potrebbe fare in quell'ambiente a lei estraneo – mascherandola con un atteggiamento sfuggente di chiusura. Quello che Caterina percepisce è esclusivamente la mancanza di fiducia da parte della madre nella sua capacità di gestirsi autonomamente.

In simili frangenti, cari genitori, suggerisco di:

- Analizzare bene il «vostro» problema («Ho paura di quella festa», «Preferirei portarla io da qualche parte», «Mi angoscia sapere che alla festa ci sarà quel poco di buono che a Caterina piace tanto...», «E se le capita qualcosa?»).
- Provare a dare risposte pratiche e concrete alle vostre domande («A chi posso rivolgermi per aver meno paura? Al papà Stefano? Alle madri di altre compagne di Caterina? Ad amici comuni?...», «Come posso organizzare un sistema di controllo della situazione senza rendermi "imbarazzante"?»).
- In una sintetica e concreta riunione di famiglia, ristretta a genitori e figlia (Guido è ancora troppo piccolo per andare a quel tipo di feste da solo), porre a Caterina le stesse domande che voi vi fate («Caterina, io devo proprio dirti che questa tua festa mi preoccupa molto. Sai che per me, mamma, tu sei ancora una bambina, la mia bambina... e guai a chi me la tocca... E poi ai miei tempi non si facevano queste feste alla tua età. Dimmi, come pensi di gestire la cosa? Se incontrerai quel ragazzo e ti chiederà di uscire con lui come ti comporterai? E se ti offrono da bere? Quali sono le cose che vorresti fare alla festa? A che ora vuoi tornare?»).

In questo modo la mamma riesce a essere sincera e, secondo me, aiuta la figlia non solo a gestire meglio se stessa in quel frangente, ma anche a capire le sue legittime emozioni. Anche solo inconsciamente, Caterina non potrà non apprezzarle poiché dimostrano il grande attaccamento che la mamma ha per lei.

Soffermiamoci a riflettere sul momento in cui «lasciamo andare» il nostro bambino in modo che cammini da solo.

Di tutti gli esseri viventi, l'uomo è quello che si tiene accanto i piccoli più a lungo rispetto a ogni altra specie animale. Perdipiù, tra le civiltà odierne, quella occidentale e sviluppata custodisce i figli in una sorta di «nido/prigione» da cui questi non escono in genere prima dei 18 anni, e talvolta ben oltre. In particolare, le mamme italiane – come ci ricordano spesso anche i giornali – trattengono i loro «bambini cresciuti» e li viziano. Di recente, è stata addotta anche una giustificazione «economica» per mascherare questo atteggiamento: i figli, fino a un'età matura, non possono lasciare la casa dei genitori perché incapaci di mantenersi da soli.

All'origine del fenomeno dei «bamboccioni», ci siamo proprio noi padri e madri che non mettiamo, fin da piccoli, i nostri figli di fronte alle loro responsabilità

Tuttavia, io penso che, all'origine del fenomeno dei «bamboccioni», ci siamo proprio noi padri e madri che non mettiamo, fin da piccoli, i nostri figli di fronte alle loro responsabilità, non permettiamo loro di constatare che sanno «volare da soli». Ci comportiamo così perché abbiamo paura di restare soli e di sentirci inutili e non più i «gestori» di benessere e di vita. Siamo noi a non voler passare il testimone!

Ci sono invece molte popolazioni in cui, raggiunta l'età di 10, 12 o 14 anni al massimo, il ragazzo, dopo uno (per noi) sconcertante rito di passaggio, viene considerato un uomo con tutti i doveri e le responsabilità degli altri uomini del villaggio, responsabilità assimilate solo tramite l'esempio degli adulti e la loro imitazione.

In realtà, anche nella nostra società ci sono sempre stati momenti di passaggio. In tempi recenti, ne sono stati «ufficializzati» alcuni che, secondo me, non sono affatto opportuni, mentre ne sono stati aboliti altri che forse sarebbe stato meglio conservare.

Alludo per esempio al fatto che la scuola dell'infanzia accetta i bambini di 3 anni solo se hanno raggiunto la piena autonomia sfinterica, cosa che non è detto avvenga per tutti entro questa età. Allo stesso tempo, sono stati eliminati gli esami di quella che un tempo era la quinta elementare (oggi «primaria») per l'ammissione alla scuola media (che adesso si chiama scuola secondaria di primo grado): questa prova era a mio avviso importante non tanto per verificare le nozioni acquisite ma per offrire ai ragazzini l'opportunità di dimostrare di aver imparato a gestire i propri interessi e di essere diventati autonomi nei propri percorsi di apprendimento.

Concedetemi qui un carissimo ricordo di mia madre. Io ho cominciato a lavorare a 18 anni, appena finita la scuola Magistrale. Quando, orgogliosissima, ho portato a casa il mio primo stipendio, la mia mamma mi ha detto: «Carissima, tu ti devi mantenere. Per cui tot lire le devi dare a me per la tua quota di affitto, tot lire per il vitto e tot lire per gli imprevisti familiari». Detratti quei tre «tot», del mio stipendio rimaneva poco o niente... Per andare a sciare la domenica dovevo mettere da parte gli «avanzi» per circa tre mesi! E mi sono comprata la mia prima bici, usata naturalmente, a 21 anni! Ma quando, a 25, mi sono sposata, la mia mamma mi ha reso tutti i soldi che le avevo affidato per il mio «mantenimento»: ecco la sua grandezza per la quale non l'ho mai ringraziata abbastanza! In questo modo mi ha trasmesso un insegnamento incommensurabile, ha sottoposto la mia intelligenza e la mia personalità a un esame davvero proficuo. (Ora spero che dal cielo non si arrabbi troppo per questa pubblicità, lei che era così schiva! Grazie, mamma, questi miei libri sono anche opera tua!)

Per concludere, tornando a noi, io credo che un'infanzia e un'adolescenza vissute accanto ad adulti accoglienti, rispettosi e responsabili consentano ai nostri figli di stimarsi capaci di affrontare la propria vita con competenza e soddisfazione.

Un'infanzia e un'adolescenza vissute accanto ad adulti accoglienti, rispettosi e responsabili consentono ai nostri figli di stimarsi capaci di affrontare la propria vita con competenza e soddisfazione

Dunque, mettiamoci di impegno e superiamo insieme con loro gli esami cui la vita ci sottopone continuamente.

Ma ora torniamo al tema dell'autonomia. Anche se il pensiero che il nostro «bambino» si stia staccando definitivamente da noi è spesso motivo di ansia e preoccupazione (soprattutto nelle famiglie italiane), il fatto che egli si renda indipendente è quello che quasi sempre il genitore si augura a partire dalla più tenera età. Ricordate?

1. «Finalmente cammina da solo! Meno male che non devo più farmi venire mal di schiena per insegnarglielo... Adesso però cadrà subito!»
2. «Finalmente mangia da solo! Era una lotta continua, sporcava me e lui... Adesso solo lui perlomeno!»
3. «Finalmente abbiamo eliminato la spesa del pannolino! Peccato che debba ancora corrergli dietro a pulire... E la carta igienica che consuma!»
4. «Ha imparato a rifarsi il letto, almeno quando c'è il piumone... Ma devo sempre cambiargli le lenzuola io!»
5. «Ha fatto una lavatrice, ma ha messo i jeans blu con le magliette bianche. Ho speso un capitale per ricomprargliele...»
6. «Mi dice sempre che ha studiato alla perfezione! Ma poi sono io che devo firmare i brutti voti...»

I genitori, soprattutto le mamme, vivono questa doppia emozione: l'orgoglio di vedere il bambino far da sé e, nel contempo, il desiderio di sentirsi ancora indispensabili

Anche dai pochi esempi fatti, si nota che i genitori, soprattutto le mamme, vivono questa doppia emozione: l'orgoglio di vedere il bambino far da sé e, nel contempo, il desiderio di sentirsi ancora indispensabili. Purtroppo, proprio questo desiderio impedisce al bambino o al ragazzino di essere mai completamente soddisfatto o, peggio ancora, lo fa sentire in qualche modo inadeguato rispetto alle richieste dell'ambiente in cui vive. Inoltre, non consente che la sua autostima personale cresca.

Spesso i padri non sono da meno, soprattutto per quanto riguarda le attività sportive dei figli maschi. Avrete certamente assistito a una partita di pallone tra due squadrette dell'oratorio. Padri e madri si scatenano a bordo campo. Poi, mentre si ritorna a casa e per tutta la cena, è un susseguirsi di commenti: «Perché hai perso il pallone? Dove guardavi? Ma non vi insegnano a guardare la palla? Ti piace davvero giocare in porta? Così la colpa è sempre tua...». Che si vinca o si perda, questi commenti sono assolutamente fuori luogo. Sarebbe molto meglio un bel gelato gratificatorio solo per aver giocato e partecipato, nel bene e nel male!

Vediamo quali sarebbero dovuti essere il pensiero e la reazione del genitore negli esempi citati:

1. «Bravissimo! Ti sposto la sedia così ti appoggi e ne metto un'altra subito qui a due passi!»
2. «Che brava sei! Ti do un pezzetto di carnina in più che ti piace tanto! Vuoi prenderla tu da sola?»
3. «Guarda, ti metto qui la carta già tagliata visto che la sai usare tanto bene. Qui c'è un po' d'acqua già pronta per sciacquarti le mani. Ti aspetto in cucina.»
4. «Adesso che sai tirarti su il piumone, ti aiuto a cambiare anche il lenzuolo con gli angoli. Vedrai, è semplicissimo.»
5. «Ho messo un post-it sulla lavatrice per ricordare a tutti che si lavano insieme solo indumenti degli stessi colori...»
6. «Vedo che hai finito di studiare. L'argomento mi interessa, magari

ne parliamo insieme quando torni dall'oratorio e io preparo la cena. Ti meriti un po' di distrazione.»

Parlando così con il nostro bambino o con il nostro ragazzino, gli forniamo gli strumenti adatti a diventare autonomo e soddisfatto di sé: un aiuto importante, direi insostituibile!

Cari ragazzi... Lasciate pian piano la mano

Ragazzi, lasciate la mano dei vostri genitori. Fate i grandi... ma sappiate, allo stesso tempo, fare i bravi! E, se avete un dubbio, riprendete la mano della mamma e del papà nella vostra.

Che cosa voglio dire?

Adesso che siete grandi, sapete che nella vita esistono piaceri e doveri. Spesso il piacere corrisponde al rispetto di sé e degli altri nel compimento di un'azione che ci piace: vado al cinema con la mia ragazza allo spettacolo delle 20,30, così riesco a tornare a casa per le 11 come vogliono i genitori = rispetto di una regola, piacere senza problemi.

Il dovere, invece, è l'acquisita responsabilità delle proprie azioni perché la cosa riesca bene: esco con la mia ragazza alle 20 in punto, così torniamo in tempo.

Ebbene, spesso per i genitori è proprio questa sintesi tra dovere e piacere a rappresentare lo scoglio più difficile da superare quando i figli, cioè voi, stanno crescendo. Cercate di capirli!

Ragazzi, quanto vale il piacere di stringere la mano alla ragazzina che vi piace? Moltiplicatelo per mille e potete forse immaginare quello che prova un genitore a stringere la mano del proprio figlio di 3 anni per attraversare la strada. La mano del bambino può essere umidiccia e sporca, ma è la fiducia con la quale il bimbo la pone in quella grossa di papà che apre le porte al sorriso. Il padre si sente soddisfatto per aver compiuto il proprio dovere di genitore (preservare l'incolumità del figlio), ma contemporaneamente prova un grande piacere, anche fisico.

Ebbene, man mano che voi crescete, i vostri genitori devono insegnarvi ad assumervi le vostre responsabilità, perché così richiede non solo la legge (che vi vuole responsabili delle vostre azioni a 18 anni), ma la vita stessa. Quindi sta a voi seguirli in questo allenamento, lasciando sì a poco a poco la loro mano, ma essendo pronti a riprenderla per mantenere vivo quel «piacere».

Vediamo qualche esempio di questo delicato equilibrio:

- *«Mamma, devo decidere cosa mettere alla festa di Giovanna...* (responsabilità) *Tu sceglieresti i jeans scuri o quelli chiari?* (rispetto/mano)»
- *«Papa', mi fai provare a guidare?* (mano) *Adesso, a 17 anni, già si può con un adulto vicino.* (responsabilità)»
- *«Sì, lo so che la mia pagella fa acqua da tutte le parti. Ho studiato poco in questo primo quadrimestre* (responsabilità). *Da oggi vi chiedo di aiutarmi a impegnarmi in casa almeno due ore ogni pomeriggio.* (mano)»

Vedete, non è difficile «fare i grandi»: provare per credere. Walk the talk!

6

I lasciapassare per diventare grandi: il dovere e la responsabilità

Nel primo capitolo ho messo in evidenza come l'adolescenza sia un periodo di transizione tra l'infanzia e la maturità personale in cui dobbiamo staccarci fisicamente e psicologicamente dai genitori che ci hanno fornito gli strumenti per farlo e proseguire la nostra strada da soli in perfetta autonomia di decidere e agire.

Che cosa vuol dire questo in sintesi? Che il bambino di qualche anno prima deve imparare a rispettare se stesso e gli altri e a essere responsabile delle proprie azioni.

Ma che cosa ne pensa il nostro ragazzino di 11-12 anni? Probabilmente già avete familiarizzato con queste sue affermazioni:

- «Decido io cosa fare!»
- «So benissimo andarci da solo!»
- «Tu non mi comandi!»
- «Faccio quello che voglio io!»
- «Tu non ti preoccupare, ci penso io!»
- «Faccio i cavoli miei!»
- «Fatti i cavoli tuoi!»
- «Cosa vuoi saperne tu? Sono io che devo decidere!»
- «Saprò io cosa voglio fare!»
- «Certe cose non le capirai mai...»
- «Alla tua età... Adesso si fa così!»
- «La camera è mia e rimane come voglio io!»

- «Nel letto ci dormo io e va bene così.»
- «Ci vanno tutti i miei compagni e ci vado anch'io.»
- «Tu però il giornale te lo compri tutti i giorni! Perché io le figurine no?»
- «Non mi rompere, tanto decido io!»
- «Che pizza la cena dai nonni... Devo studiare!» (Ma non studierà di certo!)
- «Questa non è una 'brutta parola: la dicono tutti, tu compreso!»
- «Me ne vado a fare un giro, così almeno non ti sento brontolare.»

Potremmo continuare all'infinito, vero? Anzi, in genere, le affermazioni che avete sentito dal vivo sono anche peggio di quelle che ho elencato.

La frase con la quale molti genitori rispondono a queste esternazioni è: «Ai miei tempi, se io avessi risposto così a mio padre o a mia madre, sarebbe successo il finimondo. Tu non sai neanche dove stia di casa il rispetto! Potrai fare quello che vorrai quando l'avrai imparato!».

È una frase piena zeppa di verità, ma il nostro ragazzino sa veramente che cosa sia il rispetto? E lo sanno il papà e la mamma che glielo devono insegnare?

Interroghiamoci allo stesso modo sul senso della responsabilità. I ragazzini sanno che cos'è? E i genitori?

Non possiamo insegnare niente che non sappiamo fare noi stessi né soprattutto niente in cui noi stessi non crediamo fermamente

Il primo passo che i genitori e gli educatori in genere (anche i docenti) devono ricordare è che non possiamo insegnare niente che non sappiamo fare noi stessi né soprattutto niente in cui noi stessi non crediamo fermamente. È chiaro che ognuno ha la propria personalità, la proprie credenze, e quindi fa una personale scelta di vita trasmettendo i suoi valori ai figli. In questo libro, perciò, io non potrò fare altro che parlarvi dei miei personali valori che ho sempre cercato di infondere nei miei figli e nei miei alunni, considerandoli basi sicure per la loro vita.

In concreto, il primo punto su cui voglio insistere è che, per diventare autonomo, il nostro adolescente deve adeguarsi a un principio che mi ripeteva sempre la mia mamma: «Per comandare (cioè fare da solo), deve saper fare da solo!». Il che vuol dire che, per essere autonomo il ragazzo si trova ad affrontare doveri e diritti. Ripeto: prima i doveri e poi i diritti... D'altra parte, è così anche nella vita reale: ogni diritto viene acquisito solamente compiendo il proprio dovere.

Per essere autonomo il ragazzo si trova ad affrontare doveri e diritti

Consultiamo il dizionario alla parola «dovere» e troviamo: «comportamento imposto da una norma giuridica, morale o di altro tipo».

Il dovere di ogni persona è in primo luogo quello di fare in modo di vivere in modo sano, sia fisico sia morale, in base alle norme che gli vengono trasmesse dalla famiglia e ai principi civili, religiosi e etici in cui, diventato adulto, crede veramente. Anche l'ingresso a scuola o in altri ambienti che i genitori faranno frequentare successivamente al figlio stabiliranno per lui altri «doveri», non solo verso se stesso ma anche nei confronti degli individui che incontrerà sul suo percorso.

Un'altra riflessione importante: il dovere assolto è, secondo me, la caratteristica principale che contraddistingue la persona adulta e responsabile da chi, al contrario, si aspetta che siano gli altri a gestire la sua vita e non se la sente di avere voce in capitolo nemmeno sulle proprie emozioni. Quindi, in un certo senso, rifiu-

Il dovere assolto è la caratteristica principale che contraddistingue la persona adulta e responsabile da chi, al contrario, si aspetta che siano gli altri a gestire la sua vita

ta di essere libero e di godere della propria libertà (di essere, insomma, un individuo autonomo)!

Ho trovato due citazioni importanti che voglio condividere con voi in questo capitolo:

«Non vale la pena avere la libertà se questo non implica avere la libertà di sbagliare.»
Gandhi

«Libertà significa responsabilità, ecco perché molti la temono.»
George Bernard Shaw

Ho partecipato spesso a riunioni familiari in occasione di battesimi, comunioni, cresime, compleanni. Alla fine della festa ero sempre in grado (e lo sareste stati anche voi) di capire quali degli adulti fossero persone responsabili. Come? Semplicemente osservando il loro comportamento. Prima di salutare e andarsene, la persona responsabile è quella che si alza per dare una mano a riordinare, quella che raccoglie e butta i bicchieri di carta usati, quella che raduna i piatti da lavare, quella che aiuta la mamma a vestire i bambini per uscire, quella che tiene aperta la porta dell'ascensore. È abituata, insomma, a essere responsabile del benessere familiare a casa propria e continua a comportarsi così anche in un altro ambiente. Lo stesso farà il bambino abituato da sempre a sparecchiare il suo piatto dopo aver mangiato, ad appendere la giacca al posto giusto quando rientra, a riordinare i dischetti dopo aver giocato con la PlayStation, a riporre ordinatamente l'asciugamano dopo essersi lavato le mani, a consolare il fratellino che è caduto dal triciclo, a spegnere la tele perché la mamma ha mal di testa.

L'adolescente deve imparare a essere responsabile perché solo così da adulto si riconoscerà e sarà riconosciuto come una persona sulla quale poter fare affidamento

Il nostro ragazzino adolescente ha l'assoluta necessità di imparare a essere – se non lo è già – responsabile perché solo così da adulto si riconoscerà e sarà riconosciuto come una persona sulla quale poter fare affidamento, una persona capace di compiere il proprio dovere, in grado, cioé, di distinguere lo scopo delle sue azioni, di raggiungere l'obiettivo (regola/ricetta) e andare dritto allo scopo.

Attenzione! Il senso di responsabilità, il conseguente adempimento del proprio dovere e l'autostima che ne consegue fanno sì che la persona si senta «necessaria» al benessere proprio e altrui. È questo un processo che oltre tutto aiuta chiunque a considerare la propria vita degna di essere vissuta.

Sono paroloni troppo grossi per un adolescente? No, credetemi, sono parole che lo aiutano a mettersi in gioco e a giocare.

Trent'anni fa ai bambini venivano richiesti doveri ben più gravosi. In campagna, per esempio, i figli dei contadini dovevano badare ai fratellini più piccoli, mettere il paiolo sul fuoco per preparare la polenta, attingere l'acqua dal pozzo, controllare se le galline avevano fatto l'uovo. Nella famiglia patriarcale, i bambini erano indispensabili quasi quanto gli adulti.

Adesso ai nostri figli chiediamo quasi esclusivamente di badare a se stessi e di studiare. Sono due cose che generalmente non gradiscono e quel che vorrebbero fare non è loro quasi mai permesso. E allora? Organizziamoci perché non si sentano scontenti, incapaci e inutili. Abituiamoli a prendersi le proprie responsabilità e a contribuire alla serenità e alla riuscita della vita familiare oltre che della propria.

Che cosa vuol dire essere responsabili? Vuol dire mantenere le promesse, fare il proprio dovere secondo gli impegni assunti, rispettare le regole, scegliere sempre in nome del proprio benessere e di quello dei familiari, dei parenti, degli amici e di chiunque abbia bisogno di aiuto (vicini di casa, insegnanti, conoscenti ecc.).

Da parte degli adulti, il leit-motiv di ogni momento educativo sono l'esempio e il relativo parlare di sé. Facciamo due esempi pratici, immaginando che il papà sia tornato molto stanco dall'ufficio:

- «Non ho quasi la forza di muovermi dopo la giornataccia di lavoro che ho passato. Ma so che la riunione condominiale di stasera serve per prendere decisioni importanti e quindi devo andare, altrimenti mi sentirò responsabile di un insuccesso.»
- «Ho un brutto raffreddore e domattina non vorrei proprio alzarmi per il mio turno davanti alla scuola. Ma so che la mamma che ha il turno con me ha il bambino malato e mi sento responsabile. Adesso prendo un'aspirina e vado a letto subito, così domattina potrò fare il mio dovere.»

Anche i nostri figli devono far fronte ai propri doveri, cioè alle richieste avanzate dai familiari, dalla scuola, dalle attività extrascolastiche e dalle persone con cui si confrontano: noi tutti infatti siamo, sì, individui unici, ma apparteniamo a una società universale che ci impone norme da accogliere e rispettare.

A questo punto prendiamo a esempio il nostro Guido (12). All'inizio dell'anno scolastico ha fatto il diavolo a quattro per essere iscritto al corso di calcio che si svolge due volte alla settimana a scuola. Dopo qualche allenamento, però, Guido dice di non volerlo più frequentare. Diamogli l'opportunità di spiegarci perché ha deciso di smettere, ma facciamogli anche notare che deve prendersi personalmente la responsabilità della sua scelta. Lo porterete comunque all'allenamento e sarà lui stesso a spiegare all'allenatore il perché del suo abbandono. Voi genitori vi limiterete a fargli presente che l'iscrizione al corso è stata fatta di sua volontà e che quindi è responsabile di fronte alla squadra che ha contato su di lui, nonché dei soldi che sono serviti a pagare la retta e a comprare l'equipaggiamento.

Per aiutare i ragazzi ad assumersi le proprie responsabilità, è bene mettere subito in chiaro quali sono gli impegni che la decisione comporta. «Se andrai a calcio, non potrai quel giorno prenderti tempo per giocare alla PlayStation, non potrai andare a studiare dai tuoi compagni né farli venire a casa nostra. Inoltre, prima di andare a calcio, dovrai aver finito tutti i compiti per il giorno dopo perché quando tornerai sarai troppo stanco per terminarli. Pensaci bene e poi decidi. Se opti per il sì, ricordati che per sei mesi sei vincolato a questa attività! Patti chiari, amicizia lunga!»

Prendersi una responsabilità vuol dire spesso fare la scelta giusta

Vi consiglio di ricordare ai ragazzi che prendersi una responsabilità vuol dire spesso fare la scelta giusta. Per esempio, potreste dire a Caterina: «Sabato puoi scegliere se invitare solo la tua compagna di banco o anche la tua amica Giorgia. Qual è la compagnia che ti attira di più? Pensaci bene in modo da fare la scelta giusta e divertirti veramente senza scontentare nessuno».

Per indirizzare i ragazzi a fare delle scelte corrette, invece di dare subito la vostra opinione che i ragazzi vivrebbero quasi come un'imposizione, ponete dunque delle domande:

- Pensi che ti divertirai di più con un solo compagno o con due?
- Che cosa succede se il tuo amico non vuole giocare a calcio in cortile?
- Per merenda volete il gelato o vi preparate un panino?

Naturalmente, poi, la decisione presa deve essere seguita.

E, naturalmente, è importante lasciare ai figli anche la libertà di sbagliare. Negli esempi appena descritti la responsabilità della scelta è tutta del ragazzo: qualunque essa sia, non può accadergli niente di pericoloso. E allora, non commentatela; se poi l'esito non fosse quello desiderato non ditegli: «Visto? Te l'avevo detto. Tu però non ascolti mai». Mostratevi invece sereni. Vostro figlio si renderà conto che la scelta è dipesa solo da lui e che voi non la giudicate né nel bene né nel male. Dovrà rispondere solo a se stesso e, a poco a poco, si renderà conto che è in grado di accettare le sue prese di posizione, di farne tesoro e, anche di fronte alle conseguenze di un passo falso, imparerà ad accettare l'errore e a porvi rimedio. O addirittura capiterà che vi chieda consiglio. Questo naturalmente sarà più probabile se anche voi lo interpellerete spesso quando dovete fare delle scelte.

- «Cosa mi consigli? Taglio i capelli o li tengo così?»
- «Pensi che il papà vorrà mangiare pasta o risotto stasera?»
- «Cosa ne dici? Mi sta meglio il rosso o il nero?»

Non dovete poi necessariamente accettare il suo suggerimento, ma solamente mantenere aperto un canale di comunicazione che sottolinea l'importanza dell'opinione altrui.

Cari ragazzi... Diventate grandi, per davvero!

Ragazzi, Fate i Grandi! Scusate se ve lo dico, ma troppo frequentemente vi sento incolpare qualcun altro delle vostre sventure o delle vostre scelte sbagliate.

«Mia madre mi ha obbligato a comprare questi jeans. Adesso, dopo due mesi, non vanno già più di moda!» Ammettetelo: avreste potuto anche fare a meno di comprarli se proprio non vi piacevano, in fondo ne avete altre tre paia.

«La prof mi ha interrogato quando non ero pronto. Certo, non sono il suo cocchino.» Ammettetelo: non avete avuto il coraggio di farle sapere, prima della lezione, che non eravate preparati. Probabilmente la prof avrebbe accettato più volentieri la vostra scelta di onestà.

Vedete, queste scelte sono sbagliate soprattutto nei riguardi di voi stessi. È molto meglio scegliere la verità, sostenere le proprie decisioni che cercare di farla franca e non assumersi responsabilità. Sono sicura che avete il coraggio di prendere posizione, di accettare le vostre scelte sbagliate e di rimediare. Ne guadagnerete in autostima e questo vi permetterà di compiere scelte sempre più positive per voi e per chi vi sta accanto.

Sono sicura che avete il coraggio di prendere posizione, di accettare le vostre scelte sbagliate e di rimediare

Ripensate alla favola di Pinocchio: quante scelte sbagliate! Ma quando Pinocchio ha incominciato a decidere per il suo bene, la sua strada è stata tutta in discesa! Ascoltate il Grillo Parlante che è in ciascuno di noi (e che ai miei tempi si chiamava coscienza).

7

Cambiare un comportamento si può!

Mi è capitato spesso confrontandomi con genitori e ragazzi di porre loro rispettivamente queste domande:

«Che cosa vorresti cambiare nei tuoi figli?»

«Che cosa vorresti cambiare nei tuoi genitori?».

Le risposte istintive che ho ottenuto sono sempre state pressoché le stesse.

«Tutto» o «Niente».

Scusate se ribadisco un concetto su cui ho insistito parecchio nei miei libri precedenti: non si possono cambiare le persone! Io genitore non posso modificare né il colore degli occhi di mio figlio, né il fatto che non gli piacciano le carote, né che il suo sport preferito a 1 anno sia arrampicarsi dappertutto o che invece se ne stia seduto tranquillo sul suo seggiolino a guardare la tenda della finestra aperta che sventola. È fatto così.

A mia volta, io figlio non posso cambiare il fatto che mio padre e mia madre siano credenti convinti, non posso sostituirli con i genitori di Carletto che adorano la musica rap e a casa loro sembra sempre di essere a un concerto, non posso pensare che improvvisamente abbiano soldi a palate da spendere per comprarmi la moto più potente del mondo, non posso pensare che siano calmi e tranquilli se sono invece per natura vivaci e iperattivi (naturalmente vale anche il contrario).

Figli e genitori non si scelgono, si trovano così come sono

Figli e genitori non si scelgono, si trovano così come sono e non si possono cambiare per tutta la loro e la nostra vita. E il nostro e il loro comportamento sarà sempre influenzato in massima parte proprio dalle personalità individuali.

E allora? Dobbiamo mal sopportarci a vicenda ogni giorno per il resto dell'esistenza? E allora, per essere liberi o quanto meno per avere una vita quotidiana accettabile, è meglio che viviamo in case separate?

Be', calma, ricordiamoci tutti di aver scelto, almeno noi genitori, di essere una famiglia e di voler far funzionare le cose al meglio per il massimo benessere di tutti. A questo scopo, non possiamo certo cambiare le persone, ma possiamo, tutti e ciascuno, modificare il nostro comportamento in modo da rendere la convivenza una piacevole e confortante avventura!

Non possiamo certo cambiare le persone, ma possiamo, tutti e ciascuno, modificare il nostro comportamento in modo da rendere la convivenza una piacevole e confortante avventura!

Del resto, quasi tutti i capitoli precedenti di questo libro, in modo implicito o esplicito, invitano i genitori a cambiare il proprio atteggiamento.

Dal prossimo capitolo in avanti (finalmente!) passerò a una serie di consigli pratici, per voi e per i vostri figli: il famoso *walk the talk*. Sono convinta che, giunti a questo punto della lettura, siate «entrati» con me nello spirito del lavoro/piacere che vi attende: educare e rendere indipendenti i vostri adolescenti. Nelle pagine che seguono troverete gli strumenti che, uniti alla vostra grinta e a una notevole dose di buona volontà, vi permetteranno di tirar fuori (non dimentichiamo che il verbo «educare» deriva dal latino *e-ducere* che significa appunto tirare fuori) il meglio dai ragazzi.

Prima, però, voglio rivolgermi direttamente ai ragazzi perché anche da loro, soprattutto una volta che sono arrivati all'adolescenza, dipende qualsiasi cambiamento. D'altra parte, loro stessi sanno benissimo che devono prendersene la rispettiva (e rispettosa!) responsabilità: niente scuse, si può fare! Vediamo come.

Cari ragazzi... Siete bravi sportivi?

Vedete, ragazzi, le risposte che più spesso mi avete dato alla domanda su cosa cambiereste nei vostri genitori sono «Tutto» o «Niente» (anzi, quest'ultima è stata la più frequente in assoluto). Sono risposte che in un certo senso vi fanno onore.

Mi spiego meglio. La risposta «Tutto» è tipica della vostra età, quando ogni cosa sembra possibile, fattibile, ottenibile. La risposta «Niente» è altrettanto tipica perché sottintende, dopo il favoloso «Tutto», la sottile paura dell'incognito *che voi mai riconoscerete di avere. D'altra parte, non potete farlo: vi giochereste la faccia di fronte ai coetanei! Alla vostra età di solito ci si sente degli dèi e non si ha paura di nulla. Inoltre, la risposta «Niente» sottintende* l'amore, *l'attaccamento, il senso di appartenenza che provate in famiglia, anche se non siete ancora in grado di decifrarlo completamente e di gestirlo in modo consistente e positivo per la vostra vita.*

Ma ecco altre due domande chiarificatrici alle quali vorrei rispondeste sinceramente:

- «Conoscete due genitori che vorreste, da subito e senza eccezioni, sostituire ai vostri per sempre?»
- «Vi sentireste di abbandonare a se stessi i vostri genitori dall'oggi al domani?»

Io penso che, a entrambi i quesiti, tutti ribatterete con un bel «No»!

È più probabile che vogliate rispondere: «No, sono io che voglio andarmene per fare quello che voglio». Ma questo non vi è permesso dalla legge e non riuscireste comunque a sopravvivere da soli!

Però potete fare molto per trovare la vostra strada, per effettuare quel «cambiamento» che vi consente di essere decisamente più realizzati e soddisfatti, che vi farà sentire «liberi» proprio perché in sintonia con la vostra personalità e i vostri desideri.

Una cosa è certa: siete proprio voi che potete cambiare. Attenzione, non dovete modificare quello che siete – probabilmente non ci riuscireste mai –, ma il vostro comportamento seguendo le regole del Bravo Sportivo di cui ho già parlato nel mio primo libro Fate i bravi! *(cfr. pp. 127 e seg.) riferendomi ai vostri genitori. Penso, tuttavia, che gli stessi consigli possano tornare utili anche a voi.*

Il Bravo Sportivo

Sicuramente voi ragazzi siete più al corrente di me su quanto si richiede al Bravo Sportivo. Tutti voi avrete, prima o poi, partecipato ad almeno una gara di qualche genere.

Noi che siamo «vecchi» conosciamo alcuni detti interessanti in proposito:

- *«Vince chi è un bravo sportivo.»*
- *«La vita è come una gara: non ha importanza chi arriva primo ma chi fa del proprio meglio.»*
- *«In una squadra o si vince tutti o tutti si perde.»*
- *«Chi ben comincia è a metà dell'opera.»*

Ecco allora le regole del Bravo Sportivo:

1. *Si seguono le istruzioni date dall'allenatore.*
2. *Si rispettano le regole fissate per quell'attività.*
3. *Ci si complimenta.*
4. *Si aiuta o si fa qualcosa per qualcun altro.*
5. *Si condividono pensieri e azioni.*
6. *Si partecipa pienamente al gioco in ogni momento.*

Come vedete, non è neanche un decalogo, ma passiamo in rassegna punto per punto.

Nella regola 1, per «allenatore» si intendono il genitore, l'insegnante, l'allenatore sportivo, l'educatore responsabile per una certa attività. Però, quando siamo soli, l'allenatore siamo proprio noi stessi che, arrivati all'adolescenza, abbiamo già una coscienza di ciò che è ben fatto e di ciò che non lo è.

Regole 1 e 2 (Si seguono le istruzioni date dall'allenatore – Si rispettano le regole fissate per quell'attività). Esempio 1.

Tre giorni fa la mamma aveva chiesto a Guido di sistemare il cassetto della sua biancheria ordinando le calze paio per paio, ponendo le magliette piegate una sull'altra e i boxer in fila arrotolati come salamini perché non occupassero tanto spazio e fossero contemporaneamente tutti visibili. A Guido il lavoro richiesto dalla mamma è sembrato assolutamente inutile: a lui bastava aprire il cassetto e scegliere quello di cui aveva bisogno... ma proprio ieri, nella gran confusione del cassetto, un paio di boxer, i suoi preferiti, sono finiti sul fondo. Guido non li trovava più e il cassetto non si chiudeva perfettamente. Il piccolo Carlo ha quindi trovato il modo di buttare tutta la biancheria di Guido per terra e spargerla per la casa. Se Guido avesse sistemato il cassetto e l'avesse chiuso completamente, Carlo non avrebbe combinato quel piccolo disastro.

Regole 1 e 2 (Si seguono le istruzioni date dall'allenatore – Si rispettano le regole fissate per quell'attività). Esempio 2.

*In prima liceo scientifico la professoressa di lettere assegna alla classe di Caterina un brano dell'*Eneide *da studiare a memoria per la settimana seguente e suggerisce di suddividerlo in tre tranche. Avverte inoltre che interrogherà su una tranche per volta. Caterina sa di avere un'ottima memoria e aspetta l'ultimo giorno per studiare tutto il brano. Lo sa alla perfezione. Il giorno dopo la professoressa chiama proprio Caterina alla cattedra e le chiede di recitare il* *brano che parte dal versetto 15, dicendole anche la parola con cui comincia. Caterina non riesce a collegare la parola al brano in questione, si arrabbia con l'insegnante dicendole che ha studiato perfettamente e che può recitare agevolmente tutto il brano dall'inizio. Ma la professoressa, pur ascoltando l'inizio del brano recitato da Caterina, non si convince a darle un punteggio pieno. Sembra un dispetto fatto dalla professoressa, la quale però aveva dato istruzioni precise. Bastava seguirle, come fa il bravo sciatore passando attraverso tutte le porte mentre gareggia nello slalom.*

Non sempre le regole ci piacciono o ci fanno comodo. Se non vogliamo osservarle dobbiamo accettarne le conseguenze e prendercene la responsabilità

*Non sempre le regole ci piacciono o ci fanno comodo. Se non vogliamo osservarle dobbiamo accettarne le conseguenze e prendercene la responsabilità. Io penso che in questo caso l'insegnante sapeva benissimo che Caterina, come altri studenti della sua classe, era in grado di studiare il brano tutto insieme e perfettamente, ma ha voluto aiutare a far bella figura anche chi invece non ci sarebbe riuscito. Probabilmente la lezione data a Caterina non è stata tanto quella sullo studio del brano dell'*Eneide*, quanto quella di accettare di essere «misurata e giudicata» alla stessa stregua di chi non ha le sue stesse possibilità, ovvero una lezione di umiltà molto importante nella vita di ognuno di noi che tanto abbiamo ricevuto dal destino.*

Ragazzi, quante volte i vostri genitori vi chiedono di fare qualcosa in un certo modo e voi non siete d'accordo? Tantissime, forse la maggior parte delle loro richieste vi sembra inutile o addirittura scontata, provocatoria, quasi vi considerassero alla stregua dei bambini piccoli.
«Rifatti il letto per bene» («A me piace come cuccia...»), «Passa l'aspirapolvere anche sotto l'armadio» («Ma se nessuno ci sporca mai...»), «Non lasciare la TV accesa mentre studi» («Mi fa compa-

gnia...»), «Sciacqua i piatti prima di metterli nella lavastoviglie» («E allora che lavastoviglie è?»), «Chiudi il tubetto del dentifricio» («Ma se tra due minuti serve anche a Caterina?»), «Non lasciare aperta la finestra perché sta per scoppiare il temporale» («Crede che non lo veda?»), «Metti le chiavi della porta di casa in un posto sicuro» («Pensa che sia scemo?»)...

Vi chiedo un piccolo sforzo e vi faccio di nuovo due domande:

- «Se voi foste genitori non fareste le stesse osservazioni?»
- «E non le fareste per aiutare i vostri figli a far bene piuttosto che per innervosirli?»

E allora ascoltate bene le istruzioni che i vostri genitori vi danno, anche se le ripetono all'infinito.

Anzi, perché qualche volta non le ripetete voi a loro per rassicurarli? Questa complicità di intenti vi farà sentire parte di una squadra vincente, volta a una prestigiosa vittoria finale!

Regole 3 e 4. Complimentarsi e aiutare gli altri *sono due ulteriori caratteristiche fondamentali del Bravo Sportivo. Perché? Perché riconoscere i «pregi» di coloro che ci stanno intorno o condividono una nostra attività ci fa sentire bene, in quanto membri di una squadra vincente, ci fa capire di avere vicino qualcuno che ci può aiutare a fare meglio, a superare uno scoglio che, a volte, ci può sembrare insormontabile. Diventiamo così «fieri» di appartenere a quella squadra e la vittoria sarà anche nostra!*

Almeno qualche volta vi sarà capitato di dire con orgoglio frasi come:

- «La mia mamma cucina una pizza da sballo! Vieni a cena da me?»
- «Il mio papà lavora su un treno ad alta velocità. Mi ha detto che un giorno mi porta a vedere l'officina dove li controllano.»
- «Mia sorella ha tutta la collezione dei dischi di Ligabue. Vuoi venire a casa mia a sentirne qualcuno?»

- *«Dovresti vedere mio fratellino Carlo. Mi fa sempre goal quando giochiamo a pallone in cortile... è un fenomeno.»*

Perché non cercare di vedere nei comportamenti dei vostri familiari tutti gli aspetti positivi invece di quelli negativi?

Perché quindi non cercare di vedere nei comportamenti dei vostri familiari tutti gli aspetti positivi invece di quelli negativi? Il bicchiere deve sempre essere visto come mezzo pieno soprattutto da voi giovani che, con la vostra vitalità, sarete sicuramente in grado di riempirlo del tutto. Dovete solo fare in modo di non rovesciarlo e svuotarlo, buttando via il contenuto positivo che è la vostra eredità.

Regole 5 e 6. Condividere e partecipare pienamente *sono altre due regole vitali per «vincere». La prima perché rende il gioco molto più interessante e anche divertente: la pizza mangiata in due è più saporita di quella ingurgitata velocemente in solitudine e anche il bagno rassettato e pulito con il papà può essere un'attività piacevole.*

Provateci, ragazzi. Magari dedicate una settimana ad attuare un solo punto per volta di questa strategia nei confronti dei vostri familiari e vedrete che la cosa funzionerà e, quasi per magia, il papà brontolone sarà più disponibile ad aiutarvi a studiare (avete condiviso*), la mamma severa si sarà complimentata con voi per la sufficienza in latino (avete* partecipato *attivamente alla lezione in classe e siete riusciti a prendere un bel 6!), il papà vi avrà concesso di stare alzato mezz'ora di più* (avete rispettato le regole *e avete giocato alla Play solo mezz'ora)...*

Quindi fatevi un bel programmino e ne vedrete delle belle! La famiglia è un gioco di squadra!

La tabella da usare potrebbe essere quella che segue. Ho esemplificato le prime due strategie lasciando in bianco le altre che voi potrete organizzarvi.

Strategia	Lunedì	Martedì	Mercoledì	Giovedì	Venerdì	Sabato	Domenica
Seguire le istruzioni	Ho sparecchiato il mio piatto = sorriso della mamma	Idem = la mamma mi ha ringraziato per aver tolto anche quello di Carlo	Idem = papà, oggi faccio tutto io, in genere sei tu che aiuti veramente	Idem = la mamma mi ha detto di lasciar stare che finiva lei	Idem = lo faccio automatica-mente e non mi pesa neanche più	Idem = sono contento e non sento più brontolare nessuno	La mamma e il papà hanno deciso che oggi sparecchiano loro da soli.
Rispettare le regole	Solo mezz'ora di Play	Idem	Idem	Idem	Idem	Idem	Piove... i genitori mi hanno concesso di invitare a casa gli amici per un pomeriggio di Play!
Complimen-tarsi							
Aiutare							
Condividere							
Partecipare							

Adesso (finalmente!) passerò a una serie di consigli pratici, per voi e per i vostri genitori: il famoso walk the talk. *Sono convinta che, dopo aver letto tutte queste pagine, siate «entrati» con me nello spirito del lavoro/piacere di crescere bene in armonia con la vostra famiglia.*

8

L'ordine personale

Oggi i nostri adolescenti spesso non sono nemmeno in grado di cambiarsi la biancheria da soli. Coraggio, dobbiamo insegnarglielo e allenarli. Secondo me, non ha senso legare alla paghetta (cfr. pp. 140-143) questo tipo di esercizio.

Si possono invece stabilire regole comuni di civile e sana convivenza formulandole insieme e alla presenza di tutta la famiglia durante una riunione apposita. Di nuovo, durante questa discussione, consiglio ai genitori di mostrarsi accoglienti, di ascoltare le opinioni di tutti e di non polemizzare tirando in ballo gli errori dei ragazzi né i loro difetti. Con calma, serenità e un briciolo di umorismo, potete invece ricordare ai figli che «in casa nostra si fa così» e mettere in atto – non in discussione! – la vostra autorevolezza.

Fra le regole da stabilire, quelle a mio avviso fondamentali sono:

1. Ci si lava e ci si cambia la biancheria tutti i giorni. Lo si fa anche più spesso se la situazione lo richiede, per esempio quando si pratica attività fisica.
2. Ognuno mette la propria biancheria sporca nella cesta accanto alla lavatrice, evitando ovviamente di abbandonarla in giro per la casa.
3. Dopo l'uso personale, si lascia la stanza da bagno pulita e in ordine.
4. Si piegano e si stendono all'aria gli indumenti usati che però non necessitano di essere lavati subito. Solo dopo che si saranno rin-

frescati, verranno sistemati nell'armadio. Tutti i capi di abbigliamento abbandonati in disordine vengono messi indistintamente nella cesta della biancheria sporca.

5. Se queste regole non vengono seguite per almeno sei mesi, non viene comprato nessun nuovo capo d'abbigliamento. (Naturalmente, i nuovi acquisti devono avvenire solo quando i vestiti vecchi sono diventati piccoli.)
6. La biancheria lavata va piegata e riposta dal proprietario. Chi raccoglie la biancheria asciutta dallo stenditoio provvede solo ad appoggiarla sul letto del proprietario.
7. A ogni cambio di stagione si puliscono perfettamente e si riordinano gli armadi con l'abbigliamento personale alla presenza di un genitore che condivide le decisioni relative ai nuovi acquisti.

Forse queste regole vi sembreranno inutili. Anzi, mi auguro che sia così, perché vuol dire che a casa vostra tutto funziona. Tuttavia, in base alla mia esperienza una delle lamentele più frequenti dei genitori è: «Vive come un barbone... e pretenderebbe pure che noi facessimo lo stesso!».

Uno strumento importantissimo, tuttora valido anche se vecchio come il mondo, è l'esempio dei genitori

Per ottenere buoni risultati nell'acquisizione di autonomia nell'ordine personale, uno strumento importantissimo, direi fondamentale, tuttora valido anche se vecchio come il mondo, è l'esempio dei genitori. Diamo ai nostri figli l'esempio di come si fanno le cose ed essi impareranno. Facciamoci vedere mentre laviamo i piatti (anche semplicemente le tazze della prima colazione) e, se dovesse guastarsi la lavastoviglie, non sarà una tragedia. Lasciamoci aiutare a lavare i vetri, i cuscini, il pavimento della cucina, a cambiare una lampadina, ad avvitare una vite... e impareranno a farlo con sufficiente sicurezza e tranquillità, rendendosi indipendenti nel ménage quotidiano. Oggi sta crescendo una generazione che sa far funzionare un computer a 3 anni, ma non sa prepararsi un caffè a 18 perché è abituata a prenderlo al bar! Quanti tredicenni passano ore con il telefonino in mano, ma non sanno dove si trova la loro biancheria pulita e quindi non se la cambiano se la mamma non gliela fa trovare pronta appena usciti dalla doccia? Quanti quindicenni pretendono un paio di scarpe nuove anche se le hanno comprate due mesi fa... ma non si sono mai sognati di pulirle e lavarle o anche semplicemente metterle all'aria aperta per una notte in modo che non puzzino di sudore! Eppure queste sono norme di semplice igiene e dignità personale che avrebbero dovuto imparare da piccoli.

Vi propongo una semplice strategia per la camera di vostro figlio adolescente: camera, che, lo sappiamo, è perennemente un caos.

Basta una domenica in cui ha il raffreddore o, semplicemente, è incavolato. Svuotate completamente la stanza e chiedete a lui come desidera organizzarsela. Mettetevi al suo servizio (si fa per dire) e disponete arredi e oggetti come vuole a patto che alla fine la camera risulti pulita, ordinata e facile da gestire.

Quando il miracolo è compiuto, scattate una foto d'insieme, ingranditela e stampatene due copie, per poi appenderne una a ciascuno dei lati della porta. Quando vostro figlio esce al mattino per andare a scuola e quando va a letto alla sera, la sua camera deve essere come è ritratta nella foto.

Per rendere le cose ancora più interessanti, perché non legare al riordino un privilegio da raggiungere? Ogni giorno con riordino perfetto è un euro messo da parte per l'acquisto della nuova racchetta da tennis che tanto desidera. Vedrete che, quando ci sarà arrivato, la buona abitudine del riordino non scomparirà! Se la vedrà lui poi quando la sua compagna di vita gli rinfaccerà di essere fin troppo pignolo!

Cari ragazzi... Pulito è bello!

Condizionati dall'andazzo della società moderna e dai suoi media, voi ragazzi avete sostituito l'aggettivo «pulito» con «nuovo» e quindi quasi sempre, purtroppo, non vi prendete cura delle vostre cose. Non riponete al loro posto nemmeno i giochi elettronici che così si perdono o si impolverano fino a non funzionare più. Non ripiegate felpe e magliette che diventano stracci. Non temperate le matite...

Le cose appena acquistate (nuove) diventano in questo modo vecchie e inservibili nel giro di pochi giorni. Perciò, finita la fase dello «sporco e stracciato è bello» che voi tutti adolescenti attraversate, vi ritrovate (dal vostro personalissimo punto di vista) senza niente da mettere... anche se i vostri genitori hanno finito i soldi proprio per comprarvi quindici giorni fa scarpe, maglietta e jeans!

Ragazzi, abbiate cura del vostro corpo, del vostro abbigliamento e delle vostre cose e sarete sempre «ricchi» perché non è il possesso di una cosa che ci rende ricchi ma quello che ne facciamo.

Vi riporto un raccontino sui valori (tanto più utile visto che al giorno d'oggi ci sentiamo dire spesso che non ci sono più valori).

Un uomo possedeva 10.000 metri quadrati di terreno. Era un bell'appezzamento, ma lui non se ne faceva niente e vi crescevano le erbacce. Tanto era solo un pezzo di terra...

Un bel giorno un suo vicino di casa gli dice: «Certo che tu hai un bel valore in quel pezzo di terra...».

«No,» gli rispose «è solo un pezzo di terra.»

E il vicino: «Prova a lavorarla, prova ad ararla, seminarla, curare il raccolto. O prova a costruirci sopra una casetta. Vedrai che valore acquisterà quella terra! L'avessi io!».

Ragazzi, non è tanto il possesso di una cosa a costituire un valore, ma l'uso che se ne fa.

Voi avete ricevuto in dono il vostro corpo, la vostra vita: rendetelo un valore lavorandoci positivamente.

Quindi, per tornare al walk the talk, *lavatevi ogni giorno, prima di uscire di casa e alla sera prima di dormire. Abbiate cura delle vostre cose perché abbiano sempre un che di «nuovo».*

Da qualche parte ho letto: «The dictionary is the only place where SUCCESS comes before WORK» *ovvero «Il dizionario è l'unico posto dove la parola SUCCESSO viene prima della parola LAVORO». In italiano non è così, ma so che avete capito il concetto: per avere successo bisogna lavorare!*

Per avere successo bisogna lavorare!

Il primo lavoro è prendersi cura di noi stessi e della nostra salute fisica e mentale, quasi sempre frutto di semplice PULIZIA!

Provare per credere.

9

Andare a scuola da soli

«E io ci vado da solo!»

«No, tu non ci vai!»

Quante volte può capitare di sentire uno scambio di battute di questo genere in una famiglia con figli adolescenti? Be', davvero molte.

Il compito dell'adulto deve essere quello di appianare il contrasto, senza usare la forza ma lo strumento della convinzione

Come è evidente, le posizioni del figlio e del genitore sono l'una all'opposto dell'altra. In questa situazione, il compito dell'adulto deve essere quello di appianare il contrasto, senza usare la forza ma lo strumento della convinzione. *In che modo?*, domanderete voi.

Prima di tutto, vi consiglio di mantenere la calma. Poi vi suggerisco di seguire questi passi:

1. Organizzate una riunione di famiglia sul tema.
2. Ascoltate la richiesta del ragazzo senza commentarla in alcun modo. In questo prestate attenzione a non lasciarvi sfuggire nemmeno segni fisici di intolleranza ed evitate, naturalmente, di alzare gli occhi al cielo, dare gomitate allusive, sbuffare, lanciare occhiate impazienti all'orologio o indirette alla TV (questa, per di più, dovrebbe essere spenta proprio perché la riunione è importante, qualunque sia la richiesta del ragazzo).

3. Prendete un foglio, dividetelo in due colonne e scrivete su quella di sinistra i «pro» segnalati dal ragazzo e dall'altra i suoi «contro»; subito dopo annotate i vostri pro e contro di genitori. Anche in questa fase evitate di commentare o, peggio, di ironizzare sulle motivazioni addotte.
4. Chiedete con gentilezza al ragazzo le ragioni dei suoi pro e dei suoi contro, lasciandolo parlare liberamente sino alla fine o domandandogli in modo pacato una spiegazione delle sue affermazioni.
5. Adesso illustrate i vostri pro e contro.
6. Concludete dicendo: «Vediamo come possiamo organizzarci in modo da sentirci entrambi tranquilli con la decisione che prenderemo».
7. Scrivete la decisione presa in forma di «regola», ossia di «ricetta di come si fa», firmatela e fatela firmare al ragazzo. Inserite anche una nota in cui si prevede che, qualora la regola non venga osservata, il privilegio accordato decade.

Vediamo l'applicazione di questi passi con un esempio pratico riferito a Caterina (14). La nostra ragazza frequenta il primo anno del liceo scientifico in un istituto localizzato a una distanza da casa quantificabile in 20 minuti in automobile, oppure in 40 minuti prendendo due mezzi pubblici abbastanza comodi, o in 20 minuti facendosi dare un passaggio in motorino da una compagna che frequenta la terza liceo. Di solito, Caterina viene accompagnata a scuola in auto dal papà, prima che vada a lavorare.

Alla scuola primaria, Caterina aveva cominciato ad andarci a piedi da sola a partire dalla quarta perché la sede era molto vicina a casa. Passando alla scuola secondaria di primo grado (le ex medie), che ha frequentato in un istituto un po' più lontano, veniva invece accompagnata insieme con un'amica a turno da una delle due famiglie.

Quest'anno mamma Luisa ritiene che mandarla sola, con tutti i pericoli che ci sono in città, sia una cosa da evitare. Io condivido queste preoccupazioni, ma penso che qualcosa si possa e si debba fare per riconoscere a Caterina, almeno in parte, il diritto alla sua indipendenza.

Quindi... riunione di famiglia!

Richiesta di Caterina

«Voglio andare a scuola da sola. Se il papà continua ad accompagnarmi mi sembra di essere ancora in prima elementare. Tutti i miei compagni di classe vanno a scuola da soli.»

Foglio dei pro e dei contro

Pro	**Contro**
Caterina Sono abbastanza grande. Non voglio essere presa in giro. Mi sveglio sempre presto. La mia amica Silvia prende gli stessi mezzi e ce la fa benissimo.	*Caterina* Dovete pagarmi l'abbonamento alla metropolitana. Naturalmente arriverò a casa un po' più tardi, quindi qualche volta dovrete lasciarmi mangiare un panino fuori.
Papà Effettivamente sono pochi i ragazzi che vanno a scuola accompagnati. Se non dovessi accompagnarti, arriverei prima in ufficio.	*Papà* Le facce di quelli che stazionano davanti alla scuola non mi piacciono per niente. Fumano quasi tutti! Inoltre non ho mai visto un vigile nei dintorni.
Mamma Non ci vedo nessun vantaggio.	*Mamma* Io sarei solo preoccupata. Questi ragazzi davanti alla scuola sono lì solo per creare caos, spesso bigiano o, addirittura, aspettano lì solo per poter poi dire che sono arrivati troppo tardi per entrare in classe.
Guido (12) Anch'io vorrei andare a scuola da solo. In fondo, dovrei solo camminare e attraversare la strada a due incroci che spesso hanno il vigile.	*Guido (12)* Però, dovrei alzarmi prima... e la cartella è pesante!
Papà Che bello! Sarei completamente indipendente e potrei andare direttamente in ufficio.	*Papà* Lungo la strada, però, potresti incontrare chiunque, anche malintenzionati.
Mamma A Guido potrebbe servire come allenamento per quando andrà alle scuole superiori.	

Discussione dei pro e dei contro

CATERINA «Mi credete ancora una bambina dell'asilo... Sono stufa di avervi sempre fra i piedi. Voglio un po' di indipendenza... Non sono un'imbranata, mi pare!»

MAMMA «Non è di te che non ci fidiamo, ma della gentaglia che gira per la città. Ti ricordi di quella ragazza che è stata aggredita mentre stava tornando a casa dall'università? Eppure era grande abbastanza!»

PAPÀ «La mamma ha ragione ad avere paura. Ma vediamo se possiamo trovare una soluzione. Comincia a illustrarci esattamente i tempi di percorrenza e le caratteristiche dell'itinerario che proponi.»

CATERINA «Ho già studiato la cosa con Silvia che fa la stessa strada tutte le mattine. Per essere sicura di arrivare in orario e con calma dovrei alzarmi mezz'ora prima per uscire da casa alle 7,15. Raggiungerei la fermata del metró in tre minuti, arriverei a destinazione alle 7,30 e lì troverei subito l'autobus che passa ogni cinque minuti e ne impiega dieci prima di fermarsi proprio davanti alla scuola. A quel punto dovrei solo attraversare la strada e alle 7,55 riuscirei tranquillamente a entrare e a salire al primo piano dove c'è la mia classe.»

PAPÀ «E che cosa mi dici dei loschi figuri che sostano sempre davanti alla scuola?»

CATERINA «Ah, quelli non mi interessano proprio! Se vuoi proprio saperlo, faccio il filo a uno di seconda che è il primo della classe e che incontro sempre al pomeriggio quando vado agli allenamenti di basket!»

MAMMA «Questo non me l'avevi mai detto...»

CATERINA «Già, se lo dico a te è finita! Sei capace di appostarti dovunque per spiarmi. Voi non sapete neanche che cosa sia la privacy...»

GUIDO «E io? Non è giusto che Caterina vada a scuola da sola prendendo anche il metró e io, che devo solo camminare, debba essere ancora accompagnato!»

MAMMA «Tu sei un posapiano e ti distrai facilmente. Ti fermeresti sicuramente all'edicola, dal panettiere... e arriveresti sempre in ritardo.»

GUIDO «Fatemi almeno provare...»

PAPÀ «Be', potremmo dargli una possibilità, credo. In fondo è un maschio...» *(Quest'ultimo commento è assolutamente inappropriato e, soprattutto, sbagliato.)*

MAMMA «Ti rendi conto che anche tu dovresti svegliarti almeno mezz'ora prima e far colazione velocemente?»

PAPÀ «Scriviamo due regole e diamoci una settimana di prova. Se tutto funziona, continuiamo per un'altra settimana. E così via. Ma se qualcuno sgarra se ne riparla l'anno venturo, OK?»

Regola per Caterina

Sveglia e colazione: ore 6,30.

Uscita da casa: ore 7,15.

Percorso in metropolitana e autobus: dalle ore 7,15 alle 7,55.

Ingresso a scuola: ore 7,55.

Non verranno tollerati ritardi di nessun genere, salvo in caso di improvviso sciopero dei mezzi pubblici o di incidente sul percorso.

Non si accettano passaggi da nessuno, a meno che non si tratti dei genitori.

In caso di imprevisti di qualsiasi genere si telefona solo ed esclusivamente ai genitori. Non si prendono iniziative senza avvertirli.

Lungo il percorso non ci si ferma nei negozi né a chiacchierare con nessuno, nemmeno se si tratta di parenti.

Per i mezzi pubblici viene usato solo l'abbonamento per studenti.

Al ritorno da scuola viene fatto il percorso inverso senza modifiche di nessun genere e l'arrivo a casa è previsto per le 13,45 (con un'approssimazione di cinque minuti in più o in meno). Si mangia a casa a meno che non si sia concordato diversamente la sera prima con i genitori.

Regola per Guido

Sveglia e colazione: ore 7,00.
Uscita da casa: ore 7,30.
Percorso a piedi senza fermate di nessun genere: durata 20 minuti.
Ingresso a scuola: ore 7,50.
Non si bighellona durante il percorso, non ci si ferma a chiacchierare davanti alla scuola che apre alle 7,50.
La merenda per l'intervallo viene portata da casa, a meno che non si sia deciso diversamente la sera prima con i genitori; quindi non è necessario fermarsi dal panettiere né al bar.
Non si accettano passaggi da nessuno.
Per la strada non si attacca bottone con persone sconosciute o insistenti in modo inopportuno: in caso di necessità si entra in uno dei negozi conosciuti e si chiede di poter telefonare solo ai genitori.
All'uscita da scuola, si rifà lo stesso percorso e si arriva a casa entro le ore 13,30.

Applicando questa regola, dopo che i ragazzi l'hanno accettata e sottoscritta, è bene ricordarsi di rinforzare positivamente. Si può dire per esempio: «Brava Caterina! Sei arrivata puntualissima a pranzo» oppure «Bravo Guido, la panettiera mi ha detto che stamattina mentre camminavi l'hai salutata gentilmente».

È però anche importante continuare a controllare che i ragazzi osservino la regola anche più avanti nel tempo, prendendo così coscienza di come ci si muove da soli in una città. A questo scopo consiglio anche di affidare loro altre piccole incombenze che possano eseguire autonomamente, come andare a comprarsi un quaderno, ordinare i libri nuovi dal libraio, ritirare i pantaloni puliti in tintoria...

Il meccanismo che vi ho appena suggerito vi sembra troppo macchinoso?

Voglio riassumervene i vantaggi:

- I ragazzi comprendono che non trascurate i loro desideri né le loro esigenze, ma siete disponibili a verificare insieme che cosa si può fare per andare incontro positivamente alle loro richieste.
- I ragazzi si rendono conto che voi siete autorevoli, cioè sapete esattamente che cosa si deve fare per risolvere un problema.
- Anche se non lo ammetteranno mai, il fatto che voi sappiate sempre dove sono o che cosa stanno facendo dà loro sicurezza. Hanno troppi amici e compagni di scuola, i cui genitori sono completamente assenti...
- Se qualcosa non dovesse andare per il verso giusto, i ragazzi sanno che possono chiamarvi in qualsiasi momento.

Cari ragazzi... Finalmente a scuola da soli, ma con prudenza!

Ragazzi, eccovi da soli per la strada, incamminati verso la scuola. Probabilmente, per voi non è una sensazione nuova: siete usciti per conto vostro anche altre volte quando eravate più piccoli. Per esempio, quando d'estate andavo in campeggio con i miei figli, li mandavo da soli a prendere il pane. Così, si sentivano «importanti» e soprattutto «grandi». Adesso anche voi a 12, 13 o 14 anni vi sentite grandi. È giusto, ma è indispensabile che, proprio perché siete grandi, vi comportiate come tali e facciate vostre le raccomandazioni che vi hanno sempre ripetuto i vostri genitori. Ve ne ricordo qualcuna, abbiate pazienza...

- State attenti ad attraversare la strada. Se possibile, fatelo sempre ai semafori o sulle strisce pedonali.
- A meno che non abbiate avvertito prima di uscire, non deviate mai dal vostro solito percorso e andate dritti dove dovete arrivare, senza fermarvi in negozi o per la strada a curiosare o a verificare quel che succede. Se siete costretti a fermarvi, cercate subito di avvertire a casa.
- Non parlate mai con gli sconosciuti. Se vi viene chiesta un'informazione, rispondete educatamente per quello che sapete, ma non soffermatevi mai a chiacchierare! Cercate di dare informazioni alla presenza o nella vicinanza di altre persone (negozianti, vigili ecc.). Non fermatevi mai in luoghi isolati.
- Quanto detto sopra vale anche se siete su un mezzo pubblico. Se salite su un vagone della metropolitana, sceglietene uno dove ci siano parec-

chie persone, mai una sola. Se vi capita di essere soli sul tram o sull'autobus sedetevi vicino al manovratore o all'autista.

- Se anche vi viene chiesto, non accompagnate mai nessuno da nessuna parte.
- Non prendete mai iniziative di cui i vostri genitori non siano al corrente.
- Non prestate mai denaro né il cellulare a nessuno. Cercate di non controllare quanti soldi avete e di non tirar fuori il cellulare dalla tasca (a me è stato rubato sul tram proprio appena dopo che avevo risposto a una chiamata!).
- Se non vi sentite sicuri, avvicinatevi a una persona adulta che vi possa aiutare, come il manovratore del tram, un vigile o un negoziante.
- Tutti questi suggerimenti valgono anche nel caso incontraste dei coetanei sconosciuti: non fidatevi, ma proseguite per la vostra strada. Fate i Grandi!

Queste misure prudenziali valgono anche per noi adulti, non solo per voi

Tenete conto che queste misure prudenziali valgono anche per noi adulti, non solo per voi. Al giorno d'oggi è molto importante stare attenti quando si va in giro da soli.

10

E via, verso altri lidi

Dopo aver raggiunto il primo obiettivo di andare a scuola da soli, Guido e Caterina vorranno certamente prendere il volo verso altri lidi. Quali?

La casa di un amico con cui studiare il pomeriggio, la pizzeria il sabato sera con i compagni di classe, la casa fuori città dell'amica del cuore per la sua festa di compleanno... E poi vi chiederanno di andare al cinema con il gruppo dell'oratorio, a fare un giro di shopping con le amiche, a sciare alla domenica con il pullman dello sci club.

Si tratta di attività non pericolose se svolte nel modo giusto e con le persone giuste.

Naturalmente ogni famiglia segue i propri criteri. Io vi illustro i miei o quelli che penso debbano essere gli standard «di sicurezza», cioè le regole che, se osservate, consentono ai nostri ragazzi e a noi di vivere sereni e di goderci quel po' di libertà e divertimento che la vita ci regala.

Prima di lasciar andare i vostri figli a casa di altri coetanei o fuori da soli con loro è indispensabile che voi abbiate conosciuto questi ragazzi e i loro genitori

Per cominciare, faccio una premessa fondamentale: prima di lasciar andare i vostri figli a casa di altri coetanei o fuori da soli con loro è indispensabile che voi abbiate conosciuto questi ragazzi e i loro genitori e che vi diano un minimo di garanzie sul loro stile di vita e sull'educazione impartita in famiglia.

A questo scopo dovreste sforzarvi – per quanto possa essere faticoso, noioso, rumoroso – di invitare per una merenda, un picnic, una giornata in campagna, una cena a base di pizza tutti questi ragazzini in modo da osservare con calma il loro comportamento. Vi basteranno un paio di pomeriggi insieme per capirne le abitudini. Sarà sufficiente osservare come sono vestiti, come parlano tra loro, se rispettano l'ambiente e le cose altrui, se sono disponibili ad aiutare, se sono sorridenti e non sfuggono lo sguardo dell'interlocutore, se «fanno parte» serenamente della compagnia o sono dei «rompiscatole»...

Riflettete bene: se vostro figlio si comportasse come loro in casa accettereste quel comportamento?

Allo stesso tempo, è utilissimo e, anzi, inderogabile che presenziate a tutte le riunioni di classe dei vostri figli, in modo da incontrare gli altri genitori e valutare se i loro principi educativi corrispondono grosso modo ai vostri o se sono almeno compatibili.

Inoltre è doveroso che conosciate le persone che dirigono e gestiscono gli altri ambienti frequentati dai vostri figli. Badate bene, non è sufficiente sapere che il club sportivo dove Caterina segue il corso di danza è il più rinomato della città, che la squadretta di calcio in cui gioca Guido è allenata dal figlio maggiore del preside della scuola media di quartiere, che – per sentito dire – i genitori dei ragazzi del gruppo scout sono tutte brave persone... La cronaca di ogni giorno ci presenta un quadro della società che non dà nessuna garanzia. Perciò è necessario che noi genitori ci prendiamo le nostre responsabilità e ci facciamo carico di controllare con cura con chi e dove sono i nostri figli in qualsiasi momento della giornata.

Dopo questa lunga premessa, devo però aggiungere un'osservazione che in apparenza sembrerebbe smentirla (ma non è proprio così). Posto che i genitori hanno il dovere di informarsi su tutte le persone frequentate dai figli, è vero anche che – con il passare degli anni – diventerà man mano sempre più difficile, se non impossibile (e forse quasi sbagliato...) farlo sistematicamente. Quella che i ragazzi a partire dai 14-15 anni si stanno costruendo è la loro vita! Perciò, se qualcosa o qualcuno ci sfugge, bisognerà mettersi il cuore in pace.

Tuttavia, se negli anni precedenti voi madri e padri sarete riusciti a instaurare con i vostri ragazzi stima e fiducia reciproche condividendo con loro i vostri principi civili e morali – in questo, credetemi, gli adolescenti sono molto più ricettivi di quanto non possa sembrare –, ecco che il lasciarli volare «da soli», per quanto preoccupante, diventerà anche un piacere alimentato da un senso di «orgoglio» per quanto li vedrete realizzare. Così, la vostra «preoccupazione» si trasformerà in una molto più gradevole «occupazione soddisfatta» dei vostri figli.

Concedetemi di raccontarvi un breve e caro ricordo personale. I miei tre figli hanno frequentato i gruppi scout dell'Agesci. A 8 anni anche mio figlio Matteo – vivacissimo, iperattivo, già conosciuto in diversi pronto soccorso della città per incidenti vari a mani, gambe e testa – è partito, sacco sulle spalle più pesante di lui, per la sua prima uscita in treno. Immaginatevi quanto fossi in pensiero. Il mio incubo erano gli sportelli del treno a cui l'avevamo accompagnato. Erano vecchie carrozze che si aprivano con porte situate in mezzo ai due sedili di legno posti uno di fronte all'altro. I ragazzi seduti avrebbero avuto la maniglia proprio a portata di mano e di gambe... Io mi vedevo già Matteo volar fuori. Perciò, non ho resistito e ho domandato al suo capo: «E se per sbaglio la porta si apre mentre il treno è in corsa?». Ma lui mi ha rassicurato: «Non ti preoccupare: vicino alla porta ci sediamo noi capi».

È inutile dire che Matteo è tornato sano e salvo, oltre che felice, da quella gita, ma... chi l'avrebbe mai detto? Durante la notte in tenda, aveva sofferto un po' di nostalgia di casa. Avrebbe ripreso a frequentare il gruppo scout solo l'anno successivo e poi fino al suo matrimonio con un'altra capo scout. Così è la vita! E io che mi preoccupavo per la maniglia...

Torniamo a noi. Vi invito a un'estrema prudenza, anche se vi sembrerò antiquata, ma sapeste quanti genitori sanno solo che i loro figli sono in gita con l'oratorio però ignorano esattamente dove. Quando poi, al telegiornale della sera, sentono che c'è stato un incidente ferroviario, non hanno idea se il proprio figlio possa essere su quel treno.

Tutta la nostra vita è un rischio, ma la conoscenza di questo rischio e la sensazione di aver fatto tutto il possibile per evitarlo ci aiutano a guardare avanti serenamente

Va da sé che tutta la nostra vita è un rischio, ma la conoscenza di questo rischio e la sensazione di aver fatto tutto il possibile per evitarlo ci aiutano a guardare avanti più serenamente. Se poi alla consapevolezza del rischio avrete saputo aggiungere la conoscenza reale di vostro figlio, le preoccupazioni potranno sensibilmente ridimensionarsi.

A questo punto, la decisione se lasciar andare i vostri figli, o meno, spetta a voi e solo a voi. Io manderei sicuramente i miei alle gite scolastiche, magari rivedendo insieme prima della partenza le regole comportamentali (obbedire sempre all'insegnante accompagnatore senza discussioni, osservare al minuto gli orari, non allontanarsi mai da soli per nessun motivo al mondo, aver cura delle proprie cose e della propria stanza d'alloggio come se fosse quella di casa, dimostrarsi disponibili a ogni richiesta dell'insegnante...).

Per quanto riguarda i pomeriggi di studio a casa dei compagni, ritengo assolutamente indispensabile l'accordo tra le famiglie il giorno precedente. Così, infatti, ci si può assicurare che sarà presente in casa anche un genitore che si conosce personalmente o almeno un adulto responsabile di sua fiducia che possa, fra le altre cose, controllare che i compiti vengano svolti direttamente dai ragazzi e non al computer (se è necessario questo strumento, a mio avviso il compito va fatto sempre in casa propria e alla presenza del proprio genitore).

Vi sembro troppo restrittiva? Sapeste quante volte ho dovuto «consolare» genitori spaventati che si sentivano gravemente in colpa perché i loro figli adolescenti avevano cercato su Internet un sito porno? O quante volte mi è capitato di sentire che i ragazzini lasciati soli in casa per un quarto d'ora – giusto il tempo per scendere a comprare la carne per la cena – si sono fumati due sigarette e poi si sono sentiti male? O quante volte si sono bevuti la birra di nascosto? O hanno chattato con chi non dovevano? O hanno approfittato dell'assenza dell'adulto per scattarsi fotografie sconce?

Per tutelarsi al massimo contro questi rischi, c'è un'altra regola secondo me ineluttabile: le porte delle camere non vanno mai chiuse se non quando si va a dormire o si è da soli. Credetemi, è una norma che evita a tutti un mucchio di discussioni e di preoccupazioni spesso inutili o di cattivo gusto. Alla luce del sole tutto diventa più chiaro e limpido.

Lasciate andare i vostri figli, certo, devono farsi la loro vita, ma controllate che si trovino nell'ambiente adatto e che abbiano gli strumenti adatti

Quindi, per concludere questo lungo e «scottante» capitolo, direi: lasciate andare i vostri figli, certo, devono farsi la loro vita, ma controllate che si trovino nell'ambiente adatto e che abbiano gli strumenti adatti.

Ora basta con tutti questi ragionamenti. C'è in vista una gita di Caterina con un gruppetto di coetanei. Domenica prossima vorrebbero andare ad assistere a una gara di canoa sul fiume Ticino – in una località che dista da casa un'ora di treno – a cui partecipa il fratello maggiore di un compagno di scuola. Che cosa si può fare? Innanzi tutto si organizza una riunione di famiglia per parlarne tranquillamente e porre alla ragazza queste semplici ma indispensabili domande:

«Perché ci vuoi andare?»
«Chi viene?»
«Conosci e conosciamo noi genitori questi ragazzi e le loro famiglie?»

«Saranno presenti genitori o altri adulti?»
«Se no, quale sarà il programma della giornata?»
«Quali sono le previsioni del tempo?»
«Nel caso tu andassi, come ti vestiresti?»
«Avete già controllato gli orari dei treni di andata e ritorno?»
«La località in cui andrete è in paese o si trova nelle vicinanze della stazione?»
«Dove mangerete? Vi porterete dei panini?»

Durante la riunione non contestate subito tutto, ma limitatevi a prendere nota di quello che vi viene detto. Poi, pacatamente, fate le vostre osservazioni, cominciando da quelle positive.

«Sembra interessante. Non sapevo che il fratello di Carlo X fosse un canoista appassionato. Bello sport. Richiede grande impegno a un ragazzo che abita in città.»
«Per raggiungere quel tratto del Ticino ci sono molti treni. Sono quelli diretti in Svizzera e partono spesso dalla Stazione Centrale che è facilmente raggiungibile.»
«Mi hai detto che anche i suoi genitori saranno presenti alla gara. Se ricordo bene, hanno un appartamentino in affitto proprio in quel paesino sul Ticino. Peccato che in estate sia pieno di zanzare, ma è davvero un bel posto. Vi ricordate che l'abbiamo visto dal treno quando siamo andati a Stresa?»

E poi...

«Se fosse una bella giornata, non mi dispiacerebbe fare una scappata sul lago. No, non ti preoccupare Caterina, io, la mamma e i tuoi fratelli andremmo in macchina per conto nostro e, magari, ci fermeremmo solo il tempo necessario per veder partire la gara. Cosa ne dici, mamma?»
«No, papà, io preferirei andare direttamente al lago a prendere un po'

di sole. E tu potresti portarti il canotto gonfiabile e andare a fare un giretto con i bambini.»

«Bene, allora vediamo come si può definire la cosa. Telefono a casa di Carlo, così vediamo se voi ragazzi riuscite ad andare con il treno. Naturalmente dovrete essere a casa per cena, al massimo alle 19,30 perché all'indomani andrete a scuola, e dovrete aver finito i compiti entro l'ora della messa serale di sabato. Caterina, guarda su Internet le previsioni del tempo per domenica e, già che ci sei, anche l'orario dei treni. Appena ho fatto la telefonata, ti aiuto anch'io. Se vuoi puoi telefonare ai tuoi compagni di gita e proporre di venire qui a organizzarla con noi...»

Vedete? Basta un po' di organizzazione, basta remare in sintonia con i ragazzi e non contro di loro. Poi, l'ingrediente principale è l'entusiasmo che dovete dimostrare per le attività dei vostri figli. Certo, al sabato e alla domenica vorreste che i vostri ragazzi adolescenti vi dessero una mano in casa, o che studiassero di più, o che una volta tanto venissero con voi a trovare i nonni... Quando vi vengono questi pensieri, tornate indietro nel tempo e cercate di recuperare con la mente tutte le cose che a 12, 13, 14 anni avreste voluto fare, ma non avete fatto. A quei tempi probabilmente non si contestavano i genitori, eppure i rimpianti sono tanti. Adesso non solo si contesta, ma si rischia di prendere strade pericolose o addirittura si scappa da casa! Allora non è forse meglio vivere «con» i nostri figli anziché lasciare che l'estrema vitalità di questa età prenda il sopravvento in modo sbagliato e per loro molto rischioso?

Non è forse meglio vivere «con» i nostri figli anziché remare contro ogni loro iniziativa?

La felicità è una buona abitudine e, come tutte le abitudini, diventa tale se il copione si ripete all'infinito. Siate felici con e dei vostri figli, create occasioni di gioia, risolvete insieme i problemi in modo sereno.

Coraggio, si può fare!

Cari ragazzi... Via, verso nuovi lidi e... via con i vostri genitori

Al sabato mattina, mentre la mamma sta passando l'aspirapolvere, prendetela per mano, portatela in camera vostra e ditele: «Adesso ti siedi qui e ascoltiamo questa canzone che ho appena registrato. Dimmi se ti piace, poi finisco io con l'aspirapolvere...».

E, se sabato sera avete in programma di andare al cinema (e ve ne è stato dato il permesso), perché non organizzare per l'indomani una giornata di relax? Colazione a letto per i genitori (intanto voi potete farvi un giro di PlayStation...), poi lasciate loro il bagno libero per un paio d'ore e vi offrite di andare a prendere la pizza per tutti, dato che volete fare una bella partita a Monopoli nella quale vincerete sicuramente...

E perché non sfidare la mamma e il papà a una gara di corsa campestre? Anche i prati di periferia vanno benissimo. Oppure potete trovare insieme su Internet una bella fattoria fuori città dove gustare semplici e gustosi prodotti locali domenica a mezzogiorno.

Ogni tanto dedicate alla famiglia del tempo libero. Siate voi a proporre il programma, magari invitando anche quell'amico sfortunato che non ha una famiglia felice come la vostra.

Piccoli gesti possono veramente cambiare il mondo!

11

Uscite sì e uscite no

Ricordo benissimo quando i miei figli hanno cominciato a pretendere di andare a scuola da soli. Erano in terza elementare! Per fortuna la scuola era vicino a casa, ma il percorso implicava un attraversamento abbastanza critico, senza semaforo, e, a quei tempi, anche senza vigile.

Io li ho istruiti, seguendoli per alcuni giorni a una certa distanza. E poi... via! Nel corso del mese successivo ho continuato a osservarli, prima dal balcone e, quando uscivano dalla mia visuale, scendendo velocemente in cortile e appostandomi all'angolo della strada finché non li vedevo attraversare e varcare il cancello della scuola con i loro compagni. Ma l'ansia maggiore era al ritorno...

E quanto allenamento abbiamo fatto anche sulle piste da sci (loro ne finivano tre e io era ancora a metà della prima), nelle passeggiate in montagna («andate avanti fino al primo boschetto e aspettatemi lì»), in spiaggia («vi guardo dalla sdraio, ricordatevi che dovete sempre vedermi») o al supermercato («vi aspetto sulla panchina: si compra solo quello che è segnato sulla lista»).

Per legge, noi genitori siamo responsabili per i figli fino alla maggiore età

Naturalmente gli adolescenti di oggi vogliono fare ben altro da soli, ma ricordatevi che, per legge, noi genitori siamo responsabili per loro fino alla maggiore età (che peraltro, secondo me, sarebbe stato anche meglio lasciare, come era un tempo, a 21 anni!).

Proprio perciò, io sono assolutamente adamantina nel dire che ci sono cose che non lascerei mai fare ai miei figli. Preferisco piangere per la loro incomprensione piuttosto che sul latte versato se dovesse succedere loro qualcosa di brutto.

Quindi:

- NO alla discoteca prima dei 18 anni. Dopo quell'età, ci si può andare solo avendo prima avvisato come, dove e con chi lo si fa e, naturalmente, rispettando orari concordati.
- NO a weekend o a viaggi con amici oppure in coppia prima dei 18 anni. Dopo quell'età, li si può fare solo rispettando un programma concordato e con l'approvazione dei genitori degli altri ragazzi.
- Sì a feste in casa propria o di persone conosciute, sempre rispettando orari concordati e con la garanzia della presenza di adulti responsabili che facciano rispettare il divieto assoluto di alcol, fumo e droga.
- Sì a gite dalla mattina alla sera, possibilmente in treno o con i mezzi pubblici (mai in auto guidate da neopatentati che non si conoscono) e seguendo itinerari e orari stabiliti.
- Sì a camp estivi organizzati seriamente (ce ne sono a bizzeffe, spesso di genere sportivo – tennis, equitazione, basket, pallavolo... – ma anche incentrati su attività di volontariato).

I genitori incoraggino tutte le sane attività indipendenti dei figli, mettendoli alla prova. Se ne tornano sorridenti e in orario, vuol dire che l'esperimento è riuscito

Naturalmente è bene che i genitori incoraggino tutte le sane attività indipendenti dei figli, mettendoli alla prova. Se ne tornano felici, sorridenti, soddisfatti e in orario, vuol dire che l'esperimento è riuscito. Se invece arrivano a casa brontolando, si chiudono in bagno o in camera loro, non ne vogliono parlare e sembra che abbiano vissuto un dramma, evidentemente non si trovano bene in quella compagnia oppure quell'attività non è di loro gradimento.

Anzi, magari hanno fatto di tutto per rientrare in ritardo affinché non li lasciate andare la prossima volta...

Secondo me, l'unità di misura che ci consente di determinare la qualità della nostra vita è quella del sorriso, della soddisfazione, della felicità, insomma. Sono felici i nostri figli adolescenti? Se sì, siamo e sono sulla strada giusta; in caso contrario, diamoci da fare per cambiare le regole. Potrebbe essere una strada in salita, ma è sempre meglio che precipitare nel baratro, vero?

E poi ci sono altre innumerevoli attività che i ragazzi possono svolgere vicino a voi ma indipendentemente da voi. Per esempio, potete portarli in vacanza in un agriturismo, dove possano aiutare i contadini a lavorare in campagna e con gli animali oppure dare una mano in cucina. In alternativa, potete organizzare voi stessi dei fine settimana in riva a un fiume, magari per raccogliere sassi o piante da sistemare sul balcone di casa, invitando qualche amico dei vostri figli adolescenti a partecipare.

È importantissimo «occupare» i nostri adolescenti con attività sane in modo che imparino ad apprezzarle per poi trarne sicuro giovamento sia fisico che morale

Ricordate, l'ozio è il padre dei vizi. Perciò è importantissimo «occupare» i nostri adolescenti con attività sane in modo che imparino ad apprezzarle per poi trarne sicuro giovamento fisico e morale. Queste attività, impostate da voi ma poi svolte liberamente con i coetanei che voi stessi avete invitato, renderanno sicuramente più serena la vostra vita e quella dei vostri figli!

Cari ragazzi...
Cercate un divertimento «sicuro»

Le discoteche sono pericolose. Datemi retta: trovate il modo di divertirvi diversamente

Ragazzi, proprio voi che leggete i giornali, che consultate quotidianamente Internet, che parlate con i vostri coetanei, sì proprio voi dovreste sapere che le discoteche sono pericolose. Lo sono non tanto per l'ambiente fisico (anche se il rumore è talmente assordante da impedire persino di apprezzare la musica e di seguire qualsiasi conversazione con gli amici seduti a pochi centimetri), ma per le persone che le frequentano. Datemi retta: trovate il modo di divertirvi diversamente.

Negli Stati Uniti e nei Paesi anglosassoni, per esempio, le scuole organizzano feste da ballo nelle palestre. A turno, alcuni genitori presenziano per controllare che tutto si svolga serenamente.

Questa abitudine non è ancora diffusa da noi, ma ci si può provare! Magari ci si può organizzare e affittare per la serata un ambiente pulito e sano per una festa aperta solo a invitati scelti e, naturalmente, sempre alla presenza dei genitori. Peraltro lo si faceva già ai miei tempi. A Capodanno o a Carnevale affittavamo negozi vuoti che ci davano la possibilità di fare bellissime feste da ballo. Era un divertimento «sicuro» e nessuno si ubriacava, stava male né si drogava. Dopo la maggiore età, a queste feste di amici non intervenivano più i genitori perché si sapeva che non ci sarebbe stato alcun pericolo.

12

Educazione «finanziaria»

«Me lo compri?»

«Appena avrò i soldi, me lo comprerò io!»

«Questa è la mia paghetta e mi ci compro quello che voglio!»

Quante volte i nostri figli si sono rivolti a noi con domande o affermazioni di questo tenore? Innumerevoli, spesso fin da quando erano piccolissimi. Queste richieste possono riguardare gelati, figurine, giochi di vario genere accomunati dal fatto di essere inutili, merendine che vengono regolarmente lasciate scadere perché acquistate solo per il gadget in omaggio, videogiochi, telefonini, suonerie per gli stessi, magliette, jeans firmati e magari pure tagliati, scarpe sportive da usare nonostante non si pratichi nessuno sport... E chi più ne ha più ne metta.

Eppure in queste istanze possiamo anche rilevare un grande desiderio di autonomia e libertà che il bambino o il ragazzino avverte. Voler scegliere qualcosa in prima persona è spesso un'espressione concreta – anche se superficiale e quasi sempre irritante per noi genitori – con cui reclama il suo essere un individuo «diverso da noi» con esigenze personali che, come ci accusa, noi non capiamo né capiremo mai.

Le richieste di acquisto da parte dei ragazzi sono opportunità importantissime che è bene cogliere per impostare comportamenti corretti

Attenzione, per noi educatori queste richieste sono opportunità importantissime che è bene cogliere per impostare comportamenti corretti, stabilendo il giusto equilibrio tra quel che i ragazzi desiderano e quel che è giusto che abbiano, nel pieno rispetto di sé e delle proprie responsabilità.

Naturalmente sarebbe meglio affrontare queste richieste il prima possibile, già da quando il bambino è piccolo e fa quelli che definiamo capricci (cfr. *Fate i bravi!* e *Fate i bravi! (0-3 anni)*), ma se non lo si è fatto per tempo si deve comunque cominciare con il nostro Guido (12 anni) o con la nostra Caterina (14). A questo scopo vi segnalo quelli che secondo me sono i passi fondamentali.

1. Innanzi tutto padre e madre devono chiarire fra loro l'atteggiamento familiare nei riguardi del denaro e dell'uso che se ne fa. Questo servirà a dimostrarsi sempre coerenti e mai ipocriti. Non si può, per esempio, dire ai figli che bisogna assolutamente risparmiare per poi comprarsi l'ultimo modello di casco pur possedendone già due validissimi!
2. Poi devono prepararsi a discutere in modo concreto dell'argomento «soldi» con i figli, ma senza far loro una paternale ed evitando toni quali: «Cosa credi? Che i soldi crescano nelle mie tasche come sugli alberi?» o «In questa casa solo io mi rompo la schiena per guadagnare...».
3. Nel contempo occorre che si facciano vedere dai figli mentre maneggiano contanti, non solo carte di credito, e che li invitino ad aiutarli.
4. Insieme devono mettere i figli al corrente di quanto guadagnano e di quanto spendono in bollette e per altre necessità familiari. Sarebbe bene che questo avvenisse possibilmente a partire dall'età di 7 anni, la stessa età in cui consiglio di cominciare a dare una paghetta (cfr. capitolo seguente).
5. Quando si presenta l'occasione, è poi opportuno mostrare concretamente ai figli che possono sempre verificarsi piccoli o grandi imprevisti.

6. A completamento del discorso, bisogna spiegare ai ragazzi che qualsiasi acquisto deve essere frutto di una scelta ponderata, tenendo conto degli introiti e delle spese familiari.

Anche se avete pochi soldi, dimostrate di esserne comunque fieri perché vi danno la possibilità di vivere!

In tutte le fasi che ho illustrato sopra, consiglio di mostrarvi sempre positivi ai ragazzi: anche se avete pochi soldi, dimostrate di esserne comunque fieri perché vi danno la possibilità di vivere!

13

La paghetta

Torniamo ai nostri Guido (12) e Caterina (14). Poniamo che fino a questo momento voi abbiate cercato di accontentarli in tutti i modi e che così abbiano fatto anche i nonni e gli zii. Adesso però non potete più rimandare: è giunto il momento di metterli di fronte alle loro responsabilità economiche e familiari.

Rendiamo i ragazzi partecipi delle spese di casa ma anche dell'economia familiare e del ménage

A questo scopo suggerisco innanzi tutto di renderli partecipi delle spese di casa ma anche dell'economia familiare e del ménage (chi fa la spesa, chi il bucato, chi riordina, chi apparecchia e sparecchia, chi passa l'aspirapolvere...) con una riunione familiare periodica per almeno tre mesi di seguito.

Successivamente potete decidere che, d'ora in avanti, Guido e Caterina si amministreranno da soli per quanto riguarda le loro spese personali utilizzando la propria paghetta. Preliminarmente è necessario che definiate chiaramente che cosa considerare «spese personali». Penso infatti che continuerete a fornire loro cibo, indumenti e scarpe indispensabili (capi utili e pratici, non per forza di marca o costosi) e l'occorrente effettivo per la scuola, oltre che a sovvenzionare attività finalizzate alla loro formazione, al loro benessere e divertimento concordate insieme, abbonamenti a riviste, libri, visite mediche e farmaci.

Spese personali saranno quindi le ricariche per l'eventuale cellulare – acquisto che, comunque, io consiglio di rimandare il più possibile –, giochi elettronici, merende da McDonald's, cinema con gli amici, varie ed eventuali (compresi i prodotti di bellezza non «vitali» per Caterina!).

A questo punto si può passare a definire la paghetta.

Premesso che viene data mensilmente (o settimanalmente, se loro preferiscono così), è necessario stabilirne l'entità. In questo tenete conto che anche un preadolescente è perfettamente in grado di capire che i soldi non si trovano sugli alberi e che sono sempre frutto del lavoro. Inoltre, io penso che i figli debbano assolutamente «lavorare» per il benessere familiare in modo da guadagnarsi la loro paghetta.

I figli devono «lavorare» per il benessere familiare in modo da guadagnarsi la loro paghetta

Molti genitori obietteranno che in casa tutti devono lavorare per il bene comune e che nessuno viene retribuito in denaro perché proprio il bene comune rappresenta la ricompensa. Tuttavia gli adulti vengono ripagati dal fatto di avere una casa ordinata e pulita, dove si torna volentieri perché ognuno ha i suoi spazi e la sua privacy, dove, guardandosi in giro, si avverte un'emozione di serenità e di tranquillità. È difficile che un adolescente provi queste sensazioni in un'età in cui tutto sembra volerlo portare altrove. Non ha infatti ancora esperienza di vita: il «fuori» gli sembra molto più allettante del «dentro» perché lì si sente molto più libero di essere e fare quel che vuole. In fondo lui non si è scelto la sua famiglia...

Tutto ciò ci porta al discorso della retribuzione per i lavoretti svolti in casa. In un certo senso, legando la paghetta al contributo dato al ménage familiare, noi inculchiamo nei figli la sensazione che creare lo stato di benessere che c'è in casa (e che, siatene certi, essi ricorderanno poi per tutta la vita) è frutto di fatica così come qualsiasi altro successo essi vorranno ottenere sarà sempre il risultato di un lavoro morale e materiale e della loro responsabilità personale.

Perciò io consiglio di dare una paghetta basata su un loro impegno quantificato in moneta.

Stabilito quindi quanto volete e potete dar loro, avete tre possibilità:

1. Elargire la paghetta senza pretendere nulla in cambio. In questo caso, visto che la paghetta non è la conseguenza né la retribuzione per un comportamento o per un lavoro ben fatto, non ha senso che la eliminiate per castigo. Per un ragazzino di 12 anni, suggerisco di non superare i 5 euro alla settimana.
2. Erogare una paghetta minima sicura (per esempio, 1 euro alla settimana) riservando però la possibilità di aumentarla con i lavori svolti per la famiglia (cfr. la tabella a p. 140).
3. Legare integralmente la paghetta ai lavori svolti per la famiglia.

Naturalmente io propendo per la seconda o per la terza soluzione, ma penso che ogni genitore debba decidere per proprio conto.

Per essere valida e benefica, la scelta della «tipologia» di paghetta – qualsiasi essa sia – deve essere definitiva, non soggetta a compromessi successivi di nessun genere.

Nell'impiego effettivo che i figli fanno della propria paghetta, i genitori devono comunque manifestare un atteggiamento di fiducia

Nell'impiego effettivo che i figli fanno della propria paghetta, i genitori devono comunque manifestare un atteggiamento di fiducia, rispettando la loro capacità decisionale e ponendosi come osservatori sereni anche degli eventuali errori. Questa «serenità» è anche giustificata dal fatto che le cifre messe a disposizione sono comunque limitate e destinate eventualmente a aumentare negli anni se, e solo se, le reali possibilità familiari lo consentono e soprattutto se i ragazzi sono riusciti a dimostrarsi capaci di gestirsi economicamente.

Man mano che i figli crescono e si responsabilizzano si possono affidare loro diversi acquisti, a partire da quelli degli abbonamenti ai mezzi di trasporto che utilizzano per poi passare all'abbigliamento e alle spese per i divertimenti.

Inoltre, durante la riunione familiare i genitori possono affrontare il tema della possibilità di aiutare – con una piccola quota della paghetta – qualcuno che ne ha bisogno, importante momento di educazione sociale.

Ma vediamo adesso la tabella a cui ho accennato poco sopra.

Lavori eseguiti da Caterina Settimana dal 3 al 10 maggio 2010							
Lavoro	Lunedì	Martedì	Mercoledì	Giovedì	Venerdì	Sabato	Domenica
Apparecchiare Euro 0,25							
Sparecchiare e caricare la lavastoviglie Euro 0,50							
Passare l'aspirapolvere per tutta la casa Euro 0,50							
Stendere il bucato Euro 0,25							
Portare la spazzatura alla raccolta differenziata Euro 0,25							

Dalla tabella potete constatare che Caterina, svolgendo tutti questi lavoretti di casa è in grado di accumulare una bella sommetta da utilizzare per le sue esigenze personali non vitali!

Per ottenere la retribuzione pattuita (che naturalmente deve essere adeguata alle reali possibilità economiche della famiglia), Caterina dovrà aver svolto il singolo lavoro a regola d'arte, possibilmente rispettando modalità, tempi e frequenza concordate con lei e scritte in un promemoria inderogabile.

Come vedete, fra i lavori elencati non ce n'è nessuno che riguardi Caterina personalmente: a 14 anni la ragazza dovrebbe aver già acquisito il riordino della sua camera e dei suoi effetti personali, percependole ormai come attività indispensabili a garantire il benessere personale. Del resto, ognuno di noi lavora sempre in buona parte per se stesso e per la propria dignità.

Se così non è, cioè se Caterina o qualunque adolescente non è ancora entrato in quest'ordine di idee, secondo me è assolutamente indispensabile porre immediatamente in atto un programma per renderlo autonomo sotto questo profilo. Come? Molto semplicemente. Basta avvertire i figli che, prima di avere diritto alla paghetta con cui soddisfare le proprie esigenze personali non vitali, è necessario che dimostrino di essere sufficientemente maturi per riceverla e cioè di sapersi gestire rispettando le più comuni norme di igiene e di ordine. D'altra parte, nei Paesi anglosassoni i ragazzini di 13-14 anni che frequentano le *Border Schools* e quelli di 16 che vanno al college devono assolutamente sapersi fare il bucato, riordinare e pulire la propria camera, oltre a sottoporsi a turni abbastanza intensi in mensa per il servizio a tavola e la pulizia al termine dei pasti. Perché non abituare i nostri figli a fare le stesse cose fin da quando ne sono in grado?

Naturalmente la tabella corrispondente per Guido (12) deve prevedere lavori meno impegnativi e, in parte, ancora volti ad acquistare abitudini di ordine personale autonomo. Di conseguenza, i compensi sono meno remunerativi e per ogni attività dovrebbero aggirarsi su Euro 0,15 senza mai superare gli Euro 0,25.

Per esempio:

Lavori eseguiti da Guido Settimana dal 3 al 10 maggio 2010							
Lavoro	Lunedì	Martedì	Mercoledì	Giovedì	Venerdì	Sabato	Domenica
Lasciare il bagno pulito dopo l'uso Euro 0,25							
Apparecchiare Euro 0,15							
Innaffiare le piante Euro 0,25							
Portare la spazzatura alla raccolta differenziata Euro 0,15							
Riordinare la propria camera Euro 0,25							
Riordinare i giochi di Carlo Euro 0,15							

Se avete una famiglia numerosa, vi consiglio di far partecipare tutti i componenti alle riunioni con il figlio maggiore per la paghetta e i relativi lavori, in modo che anche i fratelli minori si rendano conto delle loro future possibilità, ma anche delle responsabilità che li aspettano. Vi eviterete così un'infinità di discussioni quando anche i più piccoli cresceranno.

Queste riunioni sono ottime occasioni per stabilire una volta per tutte la «morale familiare» sull'uso del denaro

Inoltre, queste riunioni sono ottime occasioni per stabilire una volta per tutte la «morale familiare» sull'uso del denaro. Vi si può cogliere facilmente spunto per lanciare altri messaggi importanti come, per esempio, «no agli sprechi» (non si apre un nuovo pacco di biscotti finché quello vecchio non è finito), «no agli acquisti inutili» (non serve comprare un nuovo frullatore solamente perché ha un bel colore), «no ai doppioni» (basta un solo telefono fisso in tutta la casa) ecc.

Altre buone regole sono:

1. Ogni mese tutti coloro che guadagnano devono mettere da parte una certa quota per le emergenze.
2. Fino ai 18 anni ogni acquisto superiore a un anno di paghetta deve essere concordato con i genitori.
3. I ragazzi non possono effettuare acquisti a rate.
4. Non si fanno prestiti a nessuno, tranne che ai familiari più stretti.

Naturalmente la paghetta non può essere impiegata per acquisti dannosi o pericolosi (fumo, alcol, droga, ingressi a locali non approvati dai genitori), pena la revoca della paghetta stessa per un periodo di tempo stabilito dai genitori. I ragazzi, infatti, devono aver ben presente che, fino alla loro maggiore età, i genitori sono l'autorità responsabile per loro anche di fronte alla legge.

Salvo che nel caso appena citato, raccomando ai genitori, soprattutto nei primi tempi, di non essere critici sull'uso che i figli fanno della paghetta. Questa esperienza è già abbastanza formativa in sé; se la cifra che ricevono è equa, i ragazzi arrivano presto a capire le modalità più opportune per gestirla al meglio. Potete invece invitarli a guardare nelle vetrine dei negozi oggetti che sapete li interessano molto (giochi, bicicletta, vestiti...) e aiutarli a stabilire come risparmiare per poterseli comperare. Ricordatevi, inoltre, di farli risparmiare per la gita scolastica qualora la quota di partecipazione risultasse troppo gravosa per il ménage familiare o almeno per l'eventuale acquisto di souvenir.

Naturalmente potete avvertire anche nonni e zii del programma che avete messo in atto in modo che possano aiutarvi a raggiungere lo scopo che vi siete posti: rendere il vostro adolescente conscio delle sue possibilità economiche e di quelle della famiglia in modo sereno e responsabile. Potete anche preavvertirli che i regali fatti in denaro superiori a una certa cifra da voi stabilita verranno sempre depositati sul conto in modo da essere spesi in modo opportuno.

A 12 anni mio nipote ha espresso il desiderio di fare un viaggio in America. Per un anno intero tutti noi parenti – anziché fargli regali di varia natura per le classiche occasioni, come Natale e compleanno – gli abbiamo devoluto la cifra che avremmo speso in modo che potesse accumulare l'ammontare necessario per il viaggio. Quando finalmente il suo desiderio si è realizzato, era un piacere sentirlo dire alla mamma: «Se vuoi quella maglietta, ti anticipo io i contanti!». La madre naturalmente rispondeva: «Grazie, quando torniamo a casa te li bonifico sul tuo conto in banca».

Già, appena possibile, consiglio infatti di aprire ai figli un conto personale dove accumulare i risparmi per le necessità o i desideri veri della vita. Ve ne saranno grati e avranno imparato molto!

A questo punto, possiamo riassumere le indicazioni date sull'«educazione al buon uso del denaro» con le nostre parole chiave:

ASCOLTARE	«Mi hai detto che c'è in quel negozio una bici che ti piace molto. Raccontami un po' com'è!»
PARLARE DI SÉ	«Anche a me piaceva tanto andare a sciare. Ci andavo in treno!»
SORRIDERE	«Sono rimasto senza un soldo e devo portare un mazzo di fiori alla mamma perché è il nostro anniversario! Andiamo a raccoglierli nei prati fuori città?»
USARE IL RINFORZO POSITIVO	«Caspita! Paperone al tuo confronto non è nessuno! Dove hai trovato il tuo primo centesimo fortunato? Me lo presti?»

Quando parlate della situazione economica familiare con i figli, è fondamentale che li facciate sentire sicuri e importanti, comunque vadano le cose.

La mia famiglia non è mai stata benestante – mia madre era vedova con tre figli ancora da allevare e abitavamo in un piccolo appartamento in affitto –, ma io non mi sono mai sentita povera. D'accordo, erano altri tempi ma, se i vostri figli arrivano a rendersi conto che grazie al vostro lavoro siete orgogliosi di poterli nutrire e vestire e che siete disposti ad affrontare qualunque sacrificio pur di continuare a farlo, io sono convinta che apprezzeranno comunque la situazione (anche se ci sono pochi soldi) e potranno condividere con voi serenamente i sacrifici che la vita, prima o poi, a tutti richiede.

Naturalmente vi consiglio di insegnare loro a risparmiare. Per esempio, si possono (anzi si devono) spegnere le luci inutili in casa, magari leggendo o studiando sul tavolo di cucina mentre la mamma prepara la cena; si può guardare tutti insieme un dvd scegliendolo a turno anziché sparpagliarsi in stanze diverse ciascuno a vedere il proprio film; si può andare a scuola a piedi invece che in automobile alzandosi solo dieci minuti prima; si possono usare le scarpe vecchie per giocare a pallone nel prato sotto casa e tenere quelle nuove per la ginnastica a scuola... Poi si può aiutare il papà a lavare la macchina in cortile anziché andare all'autolavaggio. Il risparmio nasce infatti da una serie di piccole buone abitudini che, inculcate da subito nei bambini e nei ragazzi, diventano per loro motivo d'orgoglio e di autostima.

Il risparmio nasce da una serie di piccole buone abitudini che, inculcate da subito nei bambini e nei ragazzi, diventano per loro motivo d'orgoglio e di autostima

Quindi, ben venga la paghetta, anche minima, e soprattutto che i figli si sentano GRANDI e subito... vadano al lavoro!

Che cosa intendo dire? Certo, tutti abbiamo sempre detto ai nostri figli che il loro lavoro è la scuola e che proprio per questo pretendiamo i massimi risultati in rapporto alle loro capacità. Tuttavia, man mano che i ragazzi crescono, i lavoretti di casa possono non bastare più alle loro esigenze che, se insoddisfatte, talvolta possono dare origine a un vero e proprio «dramma». In questi casi può succedere che i ragazzi, in genere a partire dai 14-15 anni, si rendano conto che alcuni loro coetanei hanno smesso di studiare e grazie a lavori semplici, poco impegnativi e privi di grandi responsabilità, già guadagnano e possono permettersi «grandi cose». Di conseguenza, perdono interesse per il loro vero lavoro – la scuola –, vi si dedicano con meno impegno e crollano nel rendimento.

Ebbene, se ai vostri figli accade questo... metteteli alla prova! Fateli lavorare durante l'estate. Avrete tra le vostre conoscenze meccanici, lavoratori edili, commercianti, agricoltori, amici che devono fare un trasloco, falegnami... Scegliete con i vostri ragazzi quello che preferirebbero fare e mettetevi d'accordo sul loro impegno. Sottolineo quest'ultima parola perché deve essere un impegno serio da adempiere con costanza, rispettando orari precisi – per esempio, tutte le mattine dalle 8 alle 12 o tutti i pomeriggi dalle 14 alle 18 – e scadenze inderogabili, caratterizzato da attività spesso non particolarmente piacevoli, gestite dal titolare.

In questa esperienza quello che conta non è il denaro guadagnato, poco o tanto che sia, ma il fatto che il ragazzo si renda conto di cosa significhi veramente lavorare sottostando alla volontà di qualcun altro... cosa che gli toccherà per tutta la vita se non imparerà davvero un mestiere!

Un carissimo amico di mio figlio che fa il falegname su misura, persona competente, responsabile ed estremamente rispettosa delle esigenze del cliente, mi ha raccontato di aver imparato il mestiere dal nonno. Questo uomo saggio pretendeva che il ragazzo, già all'età della scuola media, dopo aver fatto i compiti lo affiancasse di pomeriggio per osservarlo mentre lavorava. Adesso quel ragazzo è diventato un eccellente e richiestissimo artigiano, ma stenta a trovare apprendisti disposti a lavorare con lui per imparare un mestiere che dà tante soddisfazioni, comprese quelle economiche.

Cari ragazzi... Tre «pillole» sul denaro

Ragazzi, il mondo vi sta insegnando solo a spendere. Ma voi... imparate a risparmiare!

E ricordate: tutto ciò che veramente conta nella vita non si può «comprare»!

Inoltre, la nostra mente è il tesoro che tutti possediamo e che nessuno ci potrà mai rubare. Sappiamola sfruttare appieno!

14

Cellulare e Internet

Se gli adolescenti di oggi potessero ricordare distintamente quello che hanno visto appena nati, probabilmente si tratterebbe dell'immagine di un uomo o di una donna (non la madre, per ovvi motivi) con il cellulare in mano intento ad avvertire della loro nascita parenti e amici!

A casa, dalla spalla della mamma, certo avrebbero visto un uomo alle prese con uno schermo TV acceso mentre loro succhiavano il latte.

Gli stessi adolescenti d'oggi, da neonati, hanno sentito suoni di ogni genere, il trillo della lavatrice che segnala la fine del ciclo di lavaggio, il rumore dell'aspirapolvere, il sottofondo musicale della PlayStation. A suo tempo non si sono certo spaventati perché spesso avevano già udito tutti questi suoni e rumori quando erano nella pancia della mamma.

Se i dispositivi elettronici non sono gestiti correttamente in modo da usufruire dei loro veri vantaggi, rischiano di tarpare lo sviluppo dell'individualità di ciascuno

In altre parole, i nostri figli sono nati in una società tecnologicamente avanzata. Perciò ne sono e ne saranno sempre i fruitori. E magari proprio la tecnologia diventerà, in futuro, il loro lavoro.

Ma, per il momento, c'è un ma. A mio parere, se i dispositivi elettronici non sono gestiti correttamente in modo da usufruire dei loro veri vantaggi, e solo di quelli, rischiano di tarpare lo sviluppo dell'individualità di ciascuno, della sua creatività e della sua capacità di comunicare davvero.

Soprattutto per quanto riguarda i passatempi (che vedremo nel prossimo capitolo) e la comunicazione interpersonale, i mezzi elettronici hanno quasi abolito le più genuine e spontanee forme adottate dall'essere umano per millenni.

Vi faccio qualche esempio personale.

Quando sono nati i miei figli, non esisteva l'interfono per udire i vagiti del proprio neonato mentre ci si trova in un'altra stanza della casa.

Perciò ricordo ancora benissimo quante volte prendevo la scusa di andare a vedere la piccolina che dormiva in camera sua, proprio per godermi quella faccetta serena, per toglierle il ciuccio da sotto la guancia e metterglielo accanto alla manina perché lo trovasse al bisogno, per sistemarle il lenzuolino che finiva sempre in fondo ai piedi, per buttarle un bacino da lontano senza svegliarla.

E quanto ho goduto nel dettare ai miei figli di prima elementare le «parole difficili», mentre tagliavo la verdura per la minestra. Forse sarebbe stato più semplice scriverle a computer, stampare e fargliele copiare, ma così c'era molta più soddisfazione. Anche per me che vedevo quegli occhietti orgogliosi perché non avevano fatto nemmeno un errore!

E quanta emozione nel vederli uscire da scuola e voler correre subito a casa per farmi vedere il bel voto... anziché ricevere la notizia per sms perché magari, nel frattempo, sono scappati a casa dell'amico.

Molti genitori di adolescenti o anche di ragazzini di 10-11 anni mi dicono: «Se ha il cellulare, posso sempre rintracciarlo...». Certo, è vero, ma se lo trovate sul ciglio della strada perché è caduto dal motorino? Se è in casa di persone che non conoscete e sta fumando? Se è triste e sconsolato e si è seduto con una birra in mano su una panchina del parco?

Non affidiamoci esclusivamente a strumenti di plastica e silicio. Non possiamo mai usarli in sostituzione delle nostre emozioni e del nostro modo di comunicarle veramente

Non affidiamoci esclusivamente a strumenti di plastica e silicio. Indubbiamente al giorno d'oggi sono quasi indispensabili, ma non possiamo mai usarli in sostituzione delle nostre emozioni e del nostro modo di comunicarle veramente.

Quindi, in sintesi, io consiglio di:

- Non concedere il cellulare personale prima degli 11 anni e, fino ai 14, di lasciarlo usare solo in caso di necessità secondo criteri condivisi con i genitori. Il ragazzino, infatti, vive in una casa dove esiste un telefono familiare e in ogni sua uscita è comunque accompagnato da un adulto responsabile.
- Non far mai portare il cellulare a scuola, a meno che non ci sia una necessità importante condivisa con i genitori. Sarebbe secondo me indispensabile che, a questo proposito, i genitori chiedessero alla scuola di istituire una norma che, tassativamente, proibisca l'uso del cellulare nei locali dell'istituto. Se i ragazzi lo devono portare con sé, durante l'orario scolastico l'apparecchio deve essere depositato in segreteria e ritirato all'uscita. È una prassi normale seguita in diversi Paesi del mondo ed evita comportamenti anche rischiosi o comunque scorretti.
- Dopo i 14 anni, lasciar usare il cellulare solo per comunicazioni urgenti e inderogabili, non per chiacchierare o «messaggiare» di cose futili, né tanto meno per passarsi compiti o facezie varie. I genitori, se vogliono, possono stanziare una cifra mensile per l'utilizzo del cellulare, ma tutti gli extra devono essere pagati dal ragazzo con la sua paghetta.
- Non lasciar utilizzare mai il cellulare per fare fotografie o per navigare in Internet.
- Far spegnere il cellulare quando la famiglia è a tavola e durante la notte. Anche i cellulari dei genitori, del resto, dovrebbero essere spenti in questi orari, salvo che in casi eccezionali.

Se saremo noi adulti a usare il cellulare in modo appropriato insegneremo la stessa cosa anche ai nostri figli

E poi, credetemi: se saremo noi adulti a usare il cellulare in modo appropriato insegneremo la stessa cosa anche ai nostri figli.

Lo stesso vale per il computer e per Internet. Certo che se la prima cosa che fate tornando a casa dal lavoro è sedervi davanti al computer... La scusa di parlare con la zia Carlotta che vive in Brasile tiene fino a un certo punto: prima dell'avvento del computer e di Skype la zia Carlotta viveva comunque felicemente senza sentirvi due volte al giorno. E vostro figlio lo sa benissimo, perciò se lo fate non potete poi essere credibili nell'impedirgli di «messaggiare» quando è a tavola!

Il computer è uno strumento utilissimo, direi indispensabile al giorno d'oggi, ma deve essere usato correttamente e al momento opportuno.

Il computer con collegamento a Internet deve essere collocato in soggiorno o in una stanza sempre accessibile e visibile da tutti i componenti della famiglia

Cominciamo con la prima regola inderogabile: il computer con collegamento a Internet deve essere collocato in soggiorno o in una stanza sempre accessibile e visibile da tutti i componenti della famiglia.

Sarebbe meglio non mettere nessun computer in camera da letto; se per forza bisogna collocarne uno nella stanza dei ragazzi, questo deve tassativamente non avere l'accesso a Internet. Sapeste quanti ragazzini, già a partire dai 9 anni, si abituano a svegliarsi in piena notte, quando il resto della famiglia dorme, per accendere il computer o la TV in camera loro... E non crediate che questo non possa succedere anche a vostro figlio!

Quindi, è bene avere l'accesso a Internet in casa, ma deve essere utilizzato sempre sotto gli occhi di un adulto responsabile.

Inoltre, vi consiglio di installare tutte le protezioni del caso (parlatene anche con un esperto) in modo che i ragazzi siano assolutamente al sicuro da contatti o situazioni potenzialmente pericolosissime e dannose.

Mi rendo conto che le regole che ho appena enunciato vi possano sembrare inapplicabili ai vostri adolescenti che sono abituati ad avere carta bianca sull'uso del cellulare e del computer.

Ebbene, proprio tramite Internet potete mostrare ai ragazzi tutti i rischi che corrono in caso di uso improprio, informandoli di fatti di cronaca avvenuti in ogni Paese del mondo in cui persone giovani e meno giovani sono rimaste vittime di malintenzionati, imbroglioni o addirittura di stupratori. Visti i fatti, fate valere la vostra autorevolezza.

Dopo aver messo i figli al corrente di quello che succede, non dovete poi impedire loro un corretto uso del computer, ma solamente monitorare le loro esperienze sul web, alla stregua delle altre che li vedono coinvolti nella vita, in modo da poter fare il vostro dovere di genitori e salvaguardarli da ogni pericolo. E non lasciatevi ingannare né suggestionare dalla classica obiezione: «Allora tu non hai fiducia in me!». No, non è questione di fiducia. Qui ci troviamo di fronte a un vero pericolo, così come sarebbe stato affidarli, quando avevano 1 anno, a uno sconosciuto. Il genitore ha il dovere di dire di no e di controllare che le persone con cui il ragazzo viene a contato siano serie e affidabili. A questo proposito, visto che i fruitori di social network sono persone sconosciute, io ne vieterei tassativamente l'uso ai miei figli minorenni.

Io vieterei tassativamente l'uso di qualsiasi social network ai miei figli minorenni

Lasciate comunque i vostri figli liberi di svolgere le loro ricerche su qualsiasi argomento; questo deve però avvenire sotto la vostra supervisione perché, anche senza volerlo, in qualsiasi momento, possono incappare in siti pericolosi.

Il brain storming

A proposito di ricerche scolastiche al computer, prima di sedervi accanto a vostro figlio davanti allo schermo, fate con lui un po' di brain storming. Come insegnante ho applicato spessissimo questa tecnica con i miei allievi più grandi e, credetemi, i ragazzi sono pozzi di informazioni e nozioni; perciò, questa semplice manovra fa loro capire quanto siano intelligenti e quante cose in realtà già sappiano.

In pratica, prendete una biro e un foglio bianco e, al centro, scrivete la parola cardine della ricerca. Poi, in ordine sparso, tutte le parole correlate che a voi e a loro (dando la precedenza assoluta a loro) vengono in mente. Dopodiché potete radunare queste parole per significato e su questi filoni costruire la ricerca che avrà così un'impostazione molto più personale e, soprattutto, ragionata.

Ecco il brain storming che farà Guido per una ricerca sul MARE:

acqua sale sabbia conchiglie pesci caldo freddo quieto tempesta onde verde blu marrone inquinato triste monotono allegro spumeggiante **MARE** *gabbiani nuoto persone a nnegamento barche navi motoscafi immersioni oceano isole*

Pensate un po' di quanti argomenti Guido potrà parlare nella sua ricerca e tutti saranno frutto delle sue riflessioni sull'argomento.

Se invece sarà Caterina a dover svolgere una ricerca sul BALLO, il suo brain storming potrebbe evidenziare:

persone musica ritmo sala pista compagno scarpe lento vivace tip tap rock valzer **BALLO** *samba tango classico moderno costumi usanze riti nonni*

Certo, a questo punto, si può usare il computer per sviscerare i singoli temi pensati da Caterina, ma da questa selezione preliminare risulterà sicuramente un lavoro più originale e personale.

Molti obietteranno: «Io impongo tutte queste norme restrittive sull'uso di Internet, ma poi mio figlio va a casa del suo amico e ne fanno di tutti i colori...». Può succedere, però se voi gli avrete inculcato un corretto senso di rispetto di sé, il piacere di comportarsi civilmente e moralmente con se stesso e con gli altri, se avrete controllato anche che cosa ne pensano i genitori dei suoi amici, probabilmente i rischi che si faccia del male diminuiranno.

Cercate di conoscere le famiglie degli amici dei vostri figli perché così, trovandone altre con la vostra stessa mentalità, potrete creare una sorta di rete di protezione per i ragazzi

Poi torno qui a suggerirvi di cercare di conoscere le famiglie degli amici dei vostri figli perché così, trovandone altre con la vostra stessa mentalità, potrete creare una sorta di rete di protezione per i ragazzi. Invitate allora a casa vostra un loro compagno o una loro compagna con i suoi genitori, proponete di fare una gita domenicale insieme, un'uscita serale per la pizza o per un concerto, magari del cantante o del complesso che i vostri figli prediligono. Organizzate un torneo di gioco alle carte, di Monopoli, una sfida di jogging ai giardini pubblici, una visita a una mostra particolare in un'altra città o a un museo dove si possa approfondire una materia di studio. Fate insomma qualcosa che vi dia la possibilità di capire che cosa pensano i genitori degli amici dei vostri figli e se potete quindi contare anche sul loro aiuto (e loro sul vostro). I ragazzi se ne gioveranno moltissimo e avranno la sensazione di appartenere a un gruppo, cosa che tutti gli adolescenti desiderano fortemente.

Attenzione, non sto dicendo che necessariamente voi dovete fare amicizia con tutti i genitori dei ragazzi frequentati dai vostri figli. È auspicabile però che almeno vi incontriate per capire se condividono i principi generali di una buona educazione. Se infatti i ragazzi frequentano ambienti – oltre a quello familiare – dove vigono il rispetto e il senso di responsabilità, si «fanno la bocca», cioè imparano ad apprezzare situazioni in cui non si la-

Se i ragazzi frequentano ambienti dove vigono il rispetto e il senso di responsabilità, imparano ad apprezzare situazioni in cui non si lascia spazio al bullismo, alla prepotenza o anche semplicemente al cattivo gusto

scia spazio al bullismo, alla prepotenza o anche semplicemente al cattivo gusto. Il buon gusto e lo «stile» sono, sì, talvolta innati, ma più spesso derivano dal fatto di vivere in un ambiente rispettoso.

Vi porto un esempio concreto che mi faceva sempre la mia mamma ma che ho ritrovato nelle pubblicità sugli autobus in California. Mia madre diceva sempre: «Se il pavimento di una casa è pulito e lucido come uno specchio, anche se ti cade un solo capello il tuo istinto è quello di raccoglierlo». In California, sugli autobus – che sono pulitissimi – c'è scritto: «*We cleaned this bus for you, so that it's easy for you to keep it so. Thank you!*» che vuol dire: «Abbiamo pulito questo autobus per te in modo che ti sia facile mantenerlo così. Grazie!». Un chiaro invito alla civiltà.

Come non dire la stessa cosa ai nostri figli? «Ti abbiamo cresciuto in un ambiente sano e pulito, in modo che ti sia facile continuare a vivere così.»

Vi racconto un altro fatterello. Ho conosciuto una vedova che allevava da sola due figli maschi, di 10 e 14 anni. Era diventata molto amica della famiglia di un compagno del figlio maggiore e si aiutavano molto. Una sera si svolge una festa a cui tutti i compagni di classe sono invitati. L'amica vi accompagna i ragazzini alle 21 e verifica la presenza dei genitori del ragazzino padrone di casa. Alle 23,30 la signora vedova ha il compito di andare a prendere i ragazzi e di riportarli a casa; alle 22,30, però, telefonando per avvertire che si presenterà puntualmente, invece di trovare i genitori riesce a parlare solo con un ragazzo che, dopo aver borbottato qualcosa di indecifrabile, riaggancia. La signora avverte subito l'amica e insieme vanno a recuperare i figli. Gli adulti sono usciti lasciando i ragazzi in custodia al figlio maggiore che, a sua volta, ha invitato i propri amici e, con questi, si è messo a fumare e a bere senza, naturalmente, preoccuparsi dei ragazzini che, oltretutto, sono abbastanza preoccupati del degenerare della situazione.

Certo, tutti i genitori, quando i loro figli erano piccoli, pensavano che con il passare degli anni avrebbero avuto meno preoccupazioni e meno da fare. Di fatto non è così. I ragazzi adolescenti sanno lavarsi e vestirsi da soli, probabilmente sanno anche cucinarsi una bistecca o un piatto di pasta al burro. Se lasciate loro il bancomat, sono pure in grado di procurarsi dei soldi. Se poi sono stanchi morti, si addormentano anche nel letto sfatto dal giorno prima. Insomma, sembrano autonomi. Ma, quando un amico li chiama per andare in moto di sera magari senza casco, nella maggior parte dei casi accettano dicendo: «Sì, tanto è buio e facciamo solo un giretto di dieci minuti qui vicino a casa...».

D'altra parte, in questa fascia d'età l'avventura o la scappatella sono proprio le esperienze che li fanno sentire «grandi»! Diciamoci la verità: tutti abbiamo passato quei momenti e abbiamo commesso le nostre belle imprudenze, ma se ne siamo usciti bene è anche per merito dei nostri genitori che ci sorvegliavano e ci facevano sentire per lo meno in colpa se trasgredivamo la «norma». È anche magari solo per la fortuna di aver avuto qualcuno che «pregava» per noi ventiquattr'ore su ventiquattro, come facevano i genitori una volta.

In questa fascia d'età l'avventura o la scappatella sono proprio le esperienze che fanno sentire «grandi»!

Adesso madri e padri si ritengono più capaci, più saggi, più disponibili di quanto siano stati i loro genitori. Queste sono tutte buone qualità, ma bisogna usarle e usarle bene costantemente. Perciò, non mollate la presa fino a quando anche vostro figlio vi dirà: «Mamma, papà, quanti anni ho?». Allora forse dovrete farvi da parte e rendervi conto che effettivamente ne sa più di voi, anche se dentro di sé dovrà riconoscere che tutto quel che sa l'ha imparato da voi. Non è infatti una ruota che gira?

Cari ragazzi... Emozioni, non plastica!

Cari ragazzi, io sono sempre vissuta a Milano. D'inverno a Milano c'è la nebbia, o meglio c'era anni fa. Adesso è stata soppiantata dal più aristocratico smog, tanto british ma assai più dannoso e inquinante della vecchia nebbia milanese, quella per cui fuori dalla finestra non vedevi la casa di fronte, quella per cui chi ti camminava a fianco era un fantasma, quella che ti avvertiva del Natale ormai vicino, quella per cui la mamma alla mattina diceva: «Mettiti la sciarpa sulla bocca, così la nebbia sta fuori». E a noi venivano le goccioline di fiato sul naso e poi si gelavano lì finché non salivamo sul tram dove, finalmente, rivedevamo le facce di chi aveva corso accanto a noi sul marciapiede fino alla fermata. Il manovratore ci sorrideva: «T'ho aspeta'... c'è la nebbia, se ved nient ma fa istess: il tram gha la rotaia de fer».

Bando alle romanticherie, a me tanto care. Be', ragazzi, lasciatemelo dire, quando voi messaggiate è come se foste sempre avvolti nella nebbia, una nebbia che non solo non vi lascia vedere i volti delle persone con le quali state cercando di comunicare, ma stende un velo gelido anche sulle vostre emozioni vere, quelle che partono dal cervello e dal cuore e arrivano a quegli insostituibili mezzi di comunicazione che sono i vostri occhi e la vostra voce.

Pensate quanto oggi facciamo per ridare la vista ai ciechi, la voce ai muti, per far sorridere i tanti bambini che nascono con difetti gravi... E voi, proprio voi rinunciate a usare ciò che la natura vi ha elargito e preferite un pezzo di plastica che, per quanto sofisticato, è stato costruito dall'uomo solo come «rimedio» tecnico per qualcosa che non funziona. È come se ammetteste la vostra inadeguatezza. Credetemi, molto meglio uno sguardo e una carezza che cento, mille messaggi. Poi, certo, se siete bloccati dal traffico e c'è qualcuno che vi aspetta mandategli pure un sms (anche se è meglio una telefonata con voce rassicurante), ma deve essere solo una comunicazione d'emergenza, non un «appiattimento» di emozioni che dovete invece sempre avere il coraggio di vivere.

Molto meglio uno sguardo e una carezza che cento, mille messaggi

Eccovi in sintesi come la penso: noi umani siamo fatti di anima e corpo e sono questi che ci procurano il piacere di vivere. Il cellulare è solo un costosissimo pezzo di plastica!

15

Giochi elettronici e iPod

Ci sono ragazzi che passano giornate intere attaccati ai giochi elettronici.

Ma, domandiamoci, quanto tempo può giocare un adolescente durante l'anno scolastico? Certamente non più di un'ora al giorno. Questo vuol dire che, se ha finito di pranzare alle 14,30, vi si può dedicare per circa mezz'ora, perché poi deve studiare (almeno due ore al giorno alle superiori) e fare un po' di movimento (almeno un'ora quotidianamente). E così il pomeriggio è finito. Quindi un'ora al giorno è davvero il tempo massimo da dedicare ai videogiochi, tempo che naturalmente deve valere anche se con lui ci sono altri amici, anche se non ha niente da studiare (cosa, di norma, impossibile), anche se piove e non può andare al campo di calcio (può però sempre fare un salto all'oratorio che in genere ha uno spazio coperto o fare una bella passeggiata con il K-Way e magari andare a comperare quello che manca per la cena).

Un'ora al giorno è davvero il tempo massimo da dedicare quotidianamente ai giochi elettronici

Quanto ai genitori, è bene che controllino che i giochi usati dai figli siano almeno compatibili con la loro età; peraltro, ormai per legge va indicata una fascia d'età su tutte le confezioni in commercio.

So che molti genitori si appassionano alla PlayStation o alla Wii: ebbene, giocate con i vostri figli durante l'ora consentita e magari sfidatevi. Sarà certamente meno dannoso che lasciarli soli davanti a scene quasi sempre violente – nonostante siano irreali – e spesso persino scandalose.

Almeno ogni tanto, però, proponete altri giochi tradizionali ai quali si appassioneranno oppure iniziate con loro una bella collezione o impegnatevi a stabilire un record: chi riesce a fare il maggior numero di salti alla corda in famiglia? e di canestri consecutivi? e di palleggi?

L'iPod nelle orecchie? È un altro incubo che isola completamente il ragazzo dalla realtà circostante

L'iPod nelle orecchie? È un altro incubo che isola completamente il ragazzo dalla realtà circostante. Perciò è bene stabilire che non può ascoltare musica con l'iPod quando studia (mentre può concedersi un sottofondo musicale con una radio o un lettore CD) o quando ci sono in casa altre persone che hanno bisogno che lui sia «presente». Inoltre, deve spegnerlo subito se qualcuno lo chiama, non può addormentarsi con l'iPod nelle orecchie (è anche dannoso all'udito) e naturalmente, per ragioni di sicurezza, non può tenerlo acceso mentre va in motorino.

Se poi si tratta di un iPod collegabile a Internet, il suo uso deve essere gestito da un genitore.

Secondo me l'iPod come anche altri dispositivi elettronici se non vengono utilizzati con senso della misura diventano veri e propri ostacoli alla comunicazione reale. Avete notato come oggi non ci si guardi più in faccia quando ci si parla?

Vi faccio un esempio banale; poi controllate di persona.

Alla cassa del supermercato, adesso, si appoggiano i prodotti sul tapis roulant in modo che la cassiera possa registrarli; intanto li si guardano scorrere, si controllano l'importo relativo a ogni prodotto e poi il totale, si cerca la carta di credito, si digita il pin...

In tutto questo, però, non si lancia mai uno sguardo alla cassiera, al commesso del supermercato, alla persona davanti o dietro di noi in coda. Quasi temessimo di incontrarci.

Una volta, al negozio sotto casa, c'era decisamente più comunicazione umana!

Guardate bene in faccia i vostri figli mentre parlano e insegnate loro a guardare in viso le persone che incontrano e con cui parlano

Non possiamo, tuttavia, smettere di comunicare con i nostri figli. Quindi, guardateli bene in faccia mentre parlano, o magari fanno versacci o mugugnano, e insegnate loro fin da piccoli a guardare in viso le persone che incontrano e con cui parlano. I ragazzi devono imparare a rendersi conto delle emozioni che ci si scambiano in quel modo, leggendole sul volto di chi hanno di fronte.

A questo scopo, il papà può, per esempio, prendere da parte Guido e dirgli: «Guarda la mamma: che faccia stanca e triste ha! Vediamo che cosa possiamo dire per farla sorridere. Ti viene in mente una barzelletta?».

Oppure la mamma, quando Caterina ha un viso tremendamente rannuvolato, può prenderla per mano, portarla davanti allo specchio della camera da letto – magari con la scusa di chiederle se scopre una sua «nuova» ruga – , e farle notare quanto è carina quando sorride.

Un sorriso non costa nulla e può valere milioni per chi lo riceve.

Se quindi viviamo davvero con i nostri figli, trasmettiamo loro una grande ricchezza, un bagaglio insostituibile per tutta la vita e in qualsiasi momento difficile, anche se la batteria del tanto adorato iPod, telefonino o computer dovesse scaricarsi definitivamente.

Io dicevo sempre ai miei allievi: «Ognuno di voi è infinitamente più intelligente e capace di qualsiasi computer o strumento elettronico abbiate per le mani». Mi guardavano come se fossi impazzita e io proseguivo: «Se buttassimo per terra e rompessimo questo computer, ci sarebbe un essere umano capace di ricostruirlo? Sì, potreste proprio essere voi, ciascuno con la propria intelligenza. Il computer è un oggetto costruito dall'uomo e, come tale, deve essere sottoposto alla sua volontà. Non deve mai avvenire il contrario».

Cari ragazzi... Giocate con le emozioni!

*Ragazzi, tenete un diario. «Questa è matta...» direte voi, ma, credetemi, non è così. Non vi propongo di scrivere un diario di quelli tradizionali e neanche quell'esercizio letterario che molto probabilmente vi è stato richiesto a partire dalla scuola primaria (*Scrivi come hai trascorso la tua domenica...*).*

No, ragazzi, la mia idea è molto più semplice e vi darà un'enorme soddisfazione, oltre che un grosso aiuto concreto per lo sviluppo della vostra autostima e personalità. Se proprio volete, potete usare anche il computer anche se, secondo me, fate molto più in fretta su una piccola agenda personale.

«Che cavolo ci stai chiedendo?»

Dovete prima di tutto comprarvi dal cartolaio un'agendina tascabile, magari una di quelle sottili con la copertina di plastica morbida e con una settimana su due facciate. La si tiene facilmente in tasca, la si infila persino nel portafoglio. Alla sera, ogni sera, segnatevi due parole, una per un'emozione bella vissuta quel giorno e una per un'emozione magari un po' meno bella (le «grane» fanno parte del quotidiano, lo sappiamo tutti). Vi suggerisco di annotare in maiuscolo quella positiva e in minuscolo quella negativa. Perché? Perché a poco a poco vi renderete voi stessi conto di quanto sia più importante registrare le emozioni felici. Ricordatevi quello che dico sempre: «La felicità è solo una buona abitudine».

La felicità è solo una buona abitudine

Facciamo l'esempio di una settimana di Caterina (14 anni) e di una del suo amico Giulio (16 anni):

Caterina

Lunedì	Martedì	Mercoledì	Giovedì
8 IN GEO Paura del prof	INCONTRATO E SORRISO A C. Perso tempo a studiare	PARTE DELLA SQUADRA Allenamento noioso	PANINO BUONISSIMO C. non chiama
Venerdì	Sabato	Domenica	Voto settimana:
C. SORRIDE Jeans sporchi	PARRUCCHIERE SONO CARINA	SVEGLIA TARDI Pomeriggio noioso	SÌ: + 6 NO: – 2

Come Caterina deve riconoscere, i veri momenti negativi sono solo due, quelli di martedì e giovedì. Ma vediamo le sue emozioni giorno per giorno.

Lunedì: la paura del prof è stata ampiamente ammortizzata dall'8 in geografia, un bel balzo in avanti per la sua autostima. Brava Caterina!

Martedì: l'incontro con C. è stato intenso e soddisfacente. Purtroppo Caterina dimostra di non avere ancora raggiunto un giusto equilibrio nei riguardi del dovere (lo studio) e del piacere. Dovrà imparare che le amicizie vere non vengono mai compromesse dall'adempiere il proprio dovere.

Mercoledì: «Che bello far parte della squadra di pallavolo anche se l'allenamento è noioso!».

Giovedì: «Mi sono fatta un panino buonissimo... ma C. non mi ha chiamato e mi si è piazzato sullo stomaco!».

Venerdì: «Che cavolo, ho i jeans sporchi ma se C. sorride...».

Sabato: «Sono riuscita a convincere la mamma a portarmi dal parrucchiere. Con i capelli corti sono molto più carina!».

Domenica: «Almeno ho dormito... ma sempre con i vecchietti: la musica li disturba, stasera si mangia il minestrone, il computer è occupato dal papà che segue il calciomercato minuto dopo minuto, mio fratello Guido se lo sogna che lo aiuti in matematica... Io non ho mai avuto l'aiuto di nessuno! Ma domani è lunedì e si va a scuola! Almeno vedrò C...».

Giulio

Lunedì	Martedì	Mercoledì	Giovedì
DUE ORE BUCHE: PROF MALATO Non son riuscito a copiare il compito	VISTO CHIARA: CARINA Perso suo n. tel.	FINITA RICERCA: POSSO GIOCARE!	Noia Noia Noia
Venerdì	**Sabato**	**Domenica**	**Voto settimana:**
TROVATO N. CHIARA Non risponde	VINTO A TENNIS Troppi compiti	Troppi compiti!	SÌ: + 5 NO: – 6

Be', Giulio non ha avuto una settimana splendida, ma forse per la prossima può organizzarsi meglio, per esempio può imparare a segnarsi i numeri di telefono importanti sulla sua agenda, fare i compiti un po' per giorno anziché trascinarseli tutti nel weekend, e inventando qualcosa da fare con gli amici per evitare la noia.

Ragazzi, io sono convinta che tenere questo brevissimo resoconto di come vivete le giornate vi aiuterà a valutare con maggiore obiettività la vostra vita; voi giovani, fortunatamente, siete pieni di sogni, vi sentite forti e capaci di cambiare il mondo. Bene, tenetevi stretti i vostri sogni, qualunque sia la realtà del momento.

Immaginate che davanti a voi ci sia una risma di carta bianca su cui dovete scrivere la vostra storia, la più importante!

Vi ricordo una frase di Abramo Lincoln: «La cosa migliore del futuro è che arriva solamente un giorno per volta!». Ebbene, tenere questo diario di poche parole vi rende consci di quanto il vostro futuro stia prendendo forma. E so che la felicità è la forma che volete dargli!

16

L'adolescente e il gruppo

«Fanno tutti così!»

«Ce l'hanno già tutti!»

«Ormai anche dall'ultimo balcone del più misero dei condomini spuntano due antenne...»

«La moto? Ormai ce l'hanno tutti quelli che abitano in città. Sono solo io lo stupido che continua a prendere l'autobus.»

Pensate che abbia colto queste frasi dalla bocca dei ragazzini? No, vi sbagliate di grosso, le ho sentite ripetere più spesso dagli adulti (e qui mi sorge un dubbio: saranno davvero adulti?).

Quando sono gli adolescenti a chiederci un permesso o un acquisto con il ritornello: «Lo fanno tutti, ce l'hanno tutti», la nostra misera risposta è spesso: «Se uno si butta nel pozzo, lo fai anche tu?». È esattamente la stessa provocazione che ci lanciavano i nostri genitori... ma di solito ce la lanciavano con un'autorevolezza ben diversa perché avevano affrontato notevoli sacrifici per raggiungere lo stile di vita che ci garantivano e ne erano, giustamente, orgogliosi. In generale, poi, non sbandieravano i loro successi, ma li ritenevano «valori unici» e riservati esclusivamente ai componenti della propria famiglia. In passato fare sfoggio di ricchezza e persino di cultura era considerato quasi un atto di maleducazione; le persone, infatti, venivano rispettate per quelle che erano e per come si comportavano, mai per ciò che possedevano o che si potevano permettere.

Al giorno d'oggi, invece, l'immagine di ricchezza e di bellezza è diventata il canone per valutare le persone. Purtroppo siamo proprio noi adulti ad aver instillato nei nostri figli questo criterio di giudizio. Quindi come pensare che gli adolescenti, che per di più sono per la loro età inesperti di vita vera, non lo utilizzino?

Consentitemi di presentarvi un'immagine per illustrare il percorso sociale che si compie negli anni della crescita: ogni persona nasce sola, affidata dalla natura ai genitori; poi, con l'adolescenza, esce dal nido ma – al contrario di molte altre specie animali che si costruiscono subito un nido proprio – diventa per un determinato periodo un «animale di gruppo»; uscirà da questo gruppo solo diventando adulta, quando si costruirà un suo nido o continuerà da sola a vivere per se stessa.

L'adolescente è un animale di gruppo e vuole essere indistinto nel gruppo, dove si sviluppano opinioni che poi diventano regole

L'adolescente, quindi, è un animale di gruppo e vuole essere indistinto nel gruppo, dove si sviluppano opinioni che poi diventano regole. Spesso, però, queste regole non sono coerenti con quello che i genitori considerano il suo reale «bene». Ma per il nostro adolescente sono legge!

A tutti voi sarà capitato di ascoltare una conversazione fra adolescenti sui mezzi pubblici.

«Io non ho timbrato il biglietto. Perché dovrei pagare la stessa cifra di chi fa tre fermate se scendo alla prossima e poi prendo l'altro treno che devo di nuovo pagare?»

«Già, ti fregano sempre. Neanch'io pago. In fondo non mi siedo nemmeno. E poi tanto il controllore non passa mai per una fermata...»

«Hai studiato storia?»

«Neanche per sogno! A cosa serve studiare gli uomini primitivi? Se ci insegnassero invece a far soldi come Bill Gates... Tu studi mai?»

«No, apro il libro e sotto ho il cell per messaggiare: la mia ragazza mi manda il riassunto e sono a posto... al 6 ci arrivo!»

«Ho visto che ti sei comprato le Nike nuove...»

«Già, ormai non se ne può fare a meno: con le altre non ci si cammina proprio.»

«Ma costano un mucchio di soldi...»

«Tanto non possono mica mandarmi a piedi nudi... Perché non te le fai comprare anche tu? Dici che il prof di ginnastica ti ha detto di cambiarle...»

«Già ma i miei mi comprerebbero sempre questo tipo...»

«E tu digli che con queste vecchie ti fanno male i piedi e le gambe... In fondo sei tu che ci devi camminare!»

Ascoltare i ragazzi è lo strumento principale di cui noi genitori disponiamo per capire esattamente che cosa pensa e vuole il «gruppo»

Ho trascritto questi brevi dialoghi perché ascoltare i ragazzi è lo strumento principale di cui noi genitori disponiamo per capire esattamente che cosa pensa e vuole il «gruppo». Su questa base possiamo poi lavorare sui nostri figli. Come? Vediamolo con un esempio tratto da casa Rossini.

La mamma Luisa vede in una vetrina un bel golfino rosa che aveva già notato sulla copertina di una delle riviste femminili che acquista. Entra nel negozio, chiede il prezzo e, visto che è ragionevole, lo compra per Caterina. Al rientro da scuola, mostra orgogliosa alla figlia il nuovo golf. Ma Caterina reagisce subito: «Non lo metterò mai! Non ho mai visto nessuno andare a scuola con una roba così da vecchi! Un golf rosa, figuriamoci...».

Questo semplice caso ci suggerisce una «vitale» regola pratica: è bene fare acquisti di abbigliamento solo insieme con i figli adolescenti! Dobbiamo renderci conto che, in questa fase, il nostro gusto non vale assolutamente niente. Se vogliamo capire qualcosa dei loro «canoni di eleganza», proviamo magari a sfogliare qualche rivista insieme, ascoltiamo le nostre «bambine» quando ne parlano tra di loro e, soprattutto... non mettiamoci nei guai!

Conclusione: il nostro adolescente ritiene di sapere solo lui come deve vestirsi e segue le indicazioni del gruppo.

Questo, però, non vuol dire che noi genitori non abbiamo voce in capitolo. Se fin dal principio (2-3 anni) abbiamo abituato i figli al nostro stile, probabilmente adesso, divenuti adolescenti, faranno solo timidi tentativi di uniformarsi a un gruppo che noi non approviamo, ma non oseranno tanto...

Comunque sia, il mio consiglio è quello di non accettare che una ragazzina, a partire da 12-13 anni, vada a scuola in settembre con una canottiera a spalline larghe mezzo centimetro (in modo che si vedano anche quelle del reggiseno), l'ombelico scoperto e una gonnellina della misura di un asciugamanino che, quando si china, lascia intravvedere chiaramente le mutandine.

Così come raccomando di non consentire che un adolescente della stessa età si presenti in classe con un paio di jeans di quattro taglie più grandi della sua, una maglietta rigorosamente nera con teschi e catene in bianco e argento e un paio di scarpe con teschi lampeggianti davanti e dietro. Provate a pensare lucidamente a come avreste qualificato due ragazzini così vestiti solo vent'anni fa: risparmiamoci il termine femminile... ma sicuramente avremmo definito il ragazzo un «povero barbone senza casa». Se alle mise aggiungiamo il trucco pesante di lei e i capelli con sfumature di gel blu e rosso di lui, lo sconforto è completo!

Se è giusto che i ragazzi scelgano come vestirsi e pettinarsi, è anche sacrosanto che la famiglia imponga loro la scelta tra abbigliamenti compatibili con le abitudini e lo stile della famiglia stessa, almeno fino ai 18 anni

È vero che l'abito non fa il monaco, ma è il monaco che fa l'abito o se lo sceglie. Per cui, se è giusto che i ragazzi scelgano come vestirsi e pettinarsi, è anche sacrosanto che la famiglia imponga loro la scelta tra abbigliamenti compatibili con la decenza, il buon gusto, le abitudini e lo stile della famiglia stessa, almeno fino ai 18 anni.

In conclusione:

- Non perdiamo tempo a polemizzare o a discutere con i nostri adolescenti: è assolutamente inutile, in questo campo a loro non interessa la nostra opinione.
- In un momento ad hoc – non quando sono già vestiti – stabiliamo un codice di decenza per le varie occasioni in cui i nostri figli devono partecipare alla vita sociale (scuola, famiglia, sport, vacanza...). Ripeto: queste regole vanno date prima; parlarne quando si sono già «conciati», è come far scoppiare una bomba provocando inutili vittime. Commentiamo invece con l'aiuto delle riviste e della TV l'abbigliamento altrui e cerchiamo di creare in loro un gusto corretto.
- Diamo ai ragazzi sempre la possibilità di scegliere capi di abbigliamento e pettinature che magari non corrispondono proprio al nostro gusto ma sono comunque accettabili.

Se tutto questo non funziona, mettiamoci il cuore in pace e, constatato che la decenza non è compromessa e che vengono accettati a scuola (si può anche parlarne con gli insegnanti), ci sono ancora due o tre atteggiamenti che possono darci una mano:

- Ignorarli come quando da piccoli facevano i capricci.
- Un pomeriggio, senza avvertirli e facendo finta di niente, farsi trovare con i capelli blu e chiedere loro di andare insieme da McDonald's dove si trovano i loro amici.
- Mostrarsi entusiasti e dir loro che sono «adorabili» vestiti e truccati così. Niente è più destabilizzante per un adolescente che l'ammirazione incondizionata dei genitori.

Con i miei figli ho sempre preferito proibire un abbigliamento scorretto, anche a costo che facessero un capriccio. Fortunatamente, in questo, non ho tribolato troppo: gli scout hanno la divisa... al massimo mi preoccupavo per i calzoni corti portati d'inverno con una temperatura di –5 °C. Anche se io detesto i cosmetici, le mie figlie hanno imparato a truccarsi da sé a un'eta adeguata. Se la vostra ragazzina adolescente vuole truccarsi in determinate occasioni importanti, perché per la vita quotidiana basta un trucco leggerissimo, portatela da una brava estetista che le insegni a farlo in modo appropriato.

E poi consolatevi: le mode passano e i figli crescono! Come dice Woody Allen: «Quello che faceva bene prima, adesso non è più valido!». Non vale forse anche per le mode?

Che cosa possiamo scoprire scavando in questo desiderio di uniformare la propria immagine a quella degli altri membri del gruppo, in altre parole di adeguarsi a un cliché (permettetemi questo termine forse un po' desueto)? Innanzi tutto, direi, l'atteggiamento di chi non vuole prendersi delle responsabilità – «così non devo fare nessuna scelta, mi adeguo» –, atteggiamento che peraltro sembra essere in contraddizione con il desiderio di assoluta indipendenza degli adolescenti. Ma non c'è solo questo: secondo me, la spinta a uniformarsi al gruppo, a «far parte», cela un grande bisogno di ricevere attenzione, riconoscimento e affetto. Ed è proprio questo aspetto di cui noi adulti, genitori e educatori, dobbiamo maggiormente tener conto.

La spinta a uniformarsi al gruppo, a «far parte», cela un grande bisogno di ricevere attenzione, riconoscimento e affetto

Da che mondo è mondo, infatti, i gruppi sono sempre esistiti: i ricchi, quelli che facevano sport, quelli che si ritrovavano al bar, quelli che compravano i dischi del cantante di turno, gli scout, quelli dell'oratorio, quelli che bigiavano la scuola, persino quelli che a scuola portavano sempre la focaccia... Allo stesso tempo, però, a casa c'era un gruppo inscindibile: la famiglia, che era sempre lì per noi, nel bene e nel male. Qualcuno alla sera apparecchiava la tavola, ci si sedeva a mangiare e si parlava e si ascoltava ciò che ciascuno aveva da dire. Insomma, il gruppo famiglia c'era ed era «caldo»!

Al giorno d'oggi, gli adolescenti possono riconoscersi in gruppi di diverso genere che talvolta noi adulti non approviamo né nell'immagine né nei contenuti. Tuttavia, nel contempo, siamo venuti meno pure noi: la sera, spesso, in famiglia ognuno sta per i fatti propri o va in giro per conto suo. Così, gli adolescenti sentono sempre più forte l'esigenza di cercare un senso di appartenenza altrove per ricevere quell'attenzione e quell'affetto che a casa non trovano più.

Se poi non riescono a far parte di nessun gruppo (bello o brutto che sia, non ha importanza), soffrono come matti e si ribellano assumendo atteggiamenti da bulli o chiudendosi in se stessi e diventando dei solitari e degli infelici.

Genitori, offrite ai vostri figli un valido gruppo famiglia e presentate loro alternative al gruppo che non vi piace

Ecco che così torno al mio solito suggerimento, lo stesso da anni. Genitori, offrite ai vostri figli un valido gruppo famiglia e presentate loro alternative al gruppo che non vi piace senza condannare a priori la loro ricerca ma facendovi sentire presenti e desiderosi di passare il tempo con loro. Magari potete invitare con voi proprio uno di quei ragazzi del gruppo dei «cattivi»! Se lo avrete fatto da quando i vostri figli erano piccoli, certo non sembrerà una cosa strana. Se non l'avete mai fatto, è arrivato il momento. Cominciate con una semplice attività insieme: per esempio, chiedere a vostro figlio adolescente di accompagnarvi dal dentista perché non ve la sentite di andarci da solo lo farà sentire «grande, forte e importante». E, dopo il dentista, perché non lasciarvi portare a comprare un golf e una camicia e chiacchierare quindi di moda e colori? E poi perché non visitare la mostra del motociclo con lui e con il suo amico che va a scuola in bici? E perché, mamme, non stabilire un pomeriggio di seduta comune dal parrucchiere con la vostra ragazzina? Oppure organizzare una serata di cinema «da piangere» con una compagna di classe di vostra figlia e la sua mamma (una serata tra donne, insomma...)? O perché non andare una domenica a prendere il sole su una spiaggetta? Potete inoltre tirar fuori e mettere in luce le vostre passioni o abilità: papà, perché non organizzate in casa un corso di bricolage? Mamme, un corso per estetista? Nonni: una cineteca di film dei vostri tempi?

Cercate di far vedere ai figli che si possono organizzare o improvvisare gruppi divertenti e positivi e che nessuno è lasciato solo dalla vita a meno che non lo voglia lui stesso!

Insomma, cercate di far vedere ai figli che si possono organizzare o improvvisare gruppi divertenti e positivi e che nessuno è lasciato solo dalla vita a meno che non lo voglia lui stesso!

Negli adolescenti questo lenisce parzialmente il senso di delusione per non far parte di un certo gruppo di pari, ma soprattutto dà loro la sensazione che c'è sempre qualcuno o qualcosa che li aspetta, aspetta proprio loro!

Inoltre sarà una strategia che i nostri figli metteranno nel loro bagaglio di vita: se non posso essere uno dei loro, io sono comunque qualcuno! Certo, è un «gioco» difficile, ma tutti noi ci abbiamo provato e a volte abbiamo perso, a volte abbiamo vinto.

Oltre alla famiglia, c'è un altro gruppo di cui i nostri figli adolescenti devono assolutamente far parte senza discriminazioni: è il gruppo classe e scuola! Su questo tema vi rimando al mio libro *Fate i compiti!* Ogni adolescente, qualunque siano la preparazione culturale, la situazione economica e l'aspetto fisico, deve sentire di aver diritto alla scuola dove dovrà dare il meglio di sé in base a regole di comportamento uguali per tutti che dovrà rispettare. È perciò compito della scuola e degli insegnanti garantire questo diritto di appartenenza ed è dovere di ogni genitore controllare che venga rispettato.

Se vi accorgete, quindi, che vostro figlio non si trova bene in quel gruppo classe, che in qualche modo viene fatto oggetto di comportamenti inadeguati, di soprusi da parte di chicchessia (insegnanti, altri alunni, personale scolastico), andate a fondo della cosa senza allarmismi, ma con estrema concretezza e serenità in modo da collaborare con la scuola per la soluzione del problema.

Risolvere questo genere di situazioni può essere difficile e laborioso e impone di operare su diversi fronti (ragazzo, compagni, insegnanti, famiglie). È un intervento che va fatto possibilmente con imparzialità, facendosi magari aiutare da un esperto (il medico curante, un bravo psicologo, un insegnante, un amico di famiglia: persone che conoscano bene il ragazzo). In alcuni casi, potrà rendersi necessario addirittura un cambio di classe o di scuola e sarà bene affrontarlo. So infatti per esperienza che se un adolescente non si trova bene a scuola, la sua crescita personale può venirne compromessa, il che non è mai un bene!

Cari ragazzi... Un gruppo tutto vostro

Quando si è in gruppo, si è più visibili. Ma solo come gruppo!

Quando si è in gruppo, ci si sente più forti. Ma solo se si spinge tutti dalla stessa parte!

Quando si è in gruppo, le voci si sentono di più. Ma solo se si grida la stessa cosa!

Dove voglio arrivare? All'idea che spesso voi adolescenti entrate in gruppo quasi contro il vostro desiderio perché la vostra vera finalità è quella di essere riconosciuti come singole persone.

Per spiegarmi, vi invito a pensare alla vostra classe (immaginiamo che siate in prima superiore): è certamente un gruppo, però non è stato formato da voi – che magari avreste preferito altri compagni – ma dalla scuola. Tuttavia, non c'è dubbio che sia un gruppo e, lasciatemi azzardare, dovrebbe essere un gruppo importante quasi quanto la famiglia. Anzi, in un mondo ideale, il gruppo classe, fondandosi sui valori del rispetto e del senso di responsabilità, diventa, come la famiglia, un ambiente positivo, stimolante e base sicura di future soddisfazioni e successi per ciascun componente. Per ripetermi (quante volte l'ho scritto nei miei libri!), in famiglia, in classe e in squadra, «o tutti si vince o tutti si perde». Ed è certamente possibile vincere tutti, credetemi!

Passiamo ora ai vostri gruppi. Da queste riflessioni, avrete capito quanto sia importante che il gruppo sia costituito da individui che abbiano finalità vincenti secondo il vostro modo di vedere e, so-

prattutto, di pensare e di sentire. Sottolineo «modo di pensare e di sentire» perché purtroppo al giorno d'oggi ci si ferma spesso solo all'immagine. Nei gruppi devono essere tutti vestiti di nero, tutti tatuati, tutti con il codino, tutti con le mutande di fuori, tutti con i pantaloni taglia 58, tutti con orecchini e catene varie, tutti con gli occhiali scuri... Ma che cosa ci sia veramente dietro quegli occhiali scuri nessuno lo sa. O, peggio, c'è un «buco nero» che non genera né fa crescere nessun tipo di vita.

Nei gruppi devono essere tutti vestiti di nero, tutti tatuati, tutti con gli occhiali scuri... Ma che cosa ci sia veramente dietro quegli occhiali scuri nessuno lo sa

Pensateci, ragazzi, prima di uniformarvi a un gruppo solo perché così vi sentite più forti: è un'illusione pericolosa. Spesso perdete la vostra «unicità», quella della vostra mente, del vostro cuore, della vostra persona, quell'unicità che vi rende indispensabili e irripetibili nel mondo. Pensate alle persone che, nel corso dei secoli, sono diventate «famose». Uso questo termine per brevità: dovrei forse specificare gli artisti, gli scienziati, ma anche i semplici contadini, i maestri, i capi di governo e, sì, persino i pizzaioli. Tutte queste persone hanno fatto della loro vita una cosa «grande»: certo non erano in gruppo, spesso si sono costruite dal nulla, hanno creduto in una loro idea e hanno perseverato per raggiungere il loro scopo. Insomma, ce l'hanno fatta da soli.

Certo, il gruppo alla vostra età è divertente, ma non deve calpestare la vostra vera personalità, né dovete lasciarvi andare snaturandovi solo perché è più comodo non lottare per le proprie idee. E poi non è proprio questo che invece fate in famiglia? Lottare «contro» il vostro gruppo fondamentale? Pensateci...

Per aiutarvi a riflettere, vi riporto due aforismi di Ralph Waldo Emerson.

«Non andare dove il sentiero ti porta. Vai invece dove non c'è sentiero e lascia una traccia.»

«Se giriamo il mondo in cerca di ciò che è bello, troveremo che lo portiamo già in noi oppure non lo troveremo.»

Li ho trovati su Internet insieme con quest'altro sempre di Emerson (com'è simpatico!):

«Subito dopo il creatore di una buona frase viene, in ordine di merito, il primo che la cita.»

Quindi, ragazzi, entrate pure in gruppo, ma a condizione che corrisponda a ciò che voi siete davvero!

17

Piercing e tatuaggi

Nell'accingermi a scrivere questo capitolo, mi sento un po' perplessa.

Tatuaggi e piercing sono usanze vecchie come il mondo, tanto che sono menzionati persino nella Bibbia. Tuttavia, solo a partire dai primi anni Settanta sono diventati una «moda» seguita dai giovani e in modo particolare dai teen-ager.

In passato tatuaggi e piercing servivano a distinguere i ruoli sociali assunti da ogni membro della tribù e, nello stesso tempo, a «certificarne» l'appartenenza.

Al giorno d'oggi, per i nostri adolescenti sembrano significare le stesse cose: appartenenza alla tribù ovvero al gruppo di coetanei di cui si vuol fare parte. A questa si aggiunge un'altra funzione: differenziarsi rispetto al gruppo d'origine – la famiglia –, ribellandosi o comunque marcando la propria diversità.

Abbiamo già visto come con il nostro adolescente sia assolutamente inutile (e persino controproducente) scatenarsi in paternali sulla inconsistenza, pericolosità, stupidaggine di certi desideri. Inoltre, molto di frequente, i nostri ragazzi arrivano a casa avendo già preso una decisione in materia di tatuaggi e piercing (e speriamo non a cose fatte in modo pericoloso per la loro salute).

Che cosa fare quindi?

Se voi genitori avete sul corpo tatuaggi o piercing, il problema non si pone: li avete scelti voi e dovete lasciare ai vostri figli la libertà di farseli fare. Se invece, come me, li ritenete solo «false» misure di autoaffermazione o ricordi di avvenimenti emotivamente importanti che si devono rimarcare perché non si è abbastanza forti per viverli solo nel profondo, ecco che cosa vi suggerisco:

1. Ascoltare sempre attentamente i discorsi dei ragazzi, soprattutto quando parlano con gli amici, al telefono, o quando commentano qualcosa con i fratelli. Se, in qualsiasi contesto, pronunciano le parole tatuaggio o piercing, bisogna passare all'attacco ovvero...
2. Parlarne con loro in modo MAI accusatorio ma solo interlocutorio e astenendosi da giudizi che possano essere riferiti anche solo indirettamente a loro, tipo:

- «Io penso che quel ragazzino sia veramente stupido a volere quel tatuaggio... che poi gli rimarrà per tutta la vita. Voglio vederlo a 40 anni con quel teschio tatuato sul polso!»
- «Chi è quel calciatore con tutti i tatuaggi? Dev'essere veramente un cretino! Oltretutto non è poi questo gran campione... Tutto fumo e niente arrosto!»
- «Quella sarà anche una brava persona, ma tatuata così certo non ispira fiducia!»

Sarebbe certamente stato meglio lasciare aperta la conversazione dicendo:

- «Non so quanto quel ragazzino abbia ragionato prima di farsi fare un tatuaggio indelebile. Lo so, i tatuaggi sono una moda, come quella dei jeans stracciati. Ma quando la moda dei jeans passa, ci si può vestire diversamente. Il tatuaggio, invece, rimane per tutta la vita. Toglierselo costa tanti soldi e tanta sofferenza. Tu che cosa ne pensi?»
- «Chi è quel calciatore con tutti i tatuaggi? Be', certamente adesso viene valutato milioni... ma quando sarà invecchiato gli rimarranno addosso soltanto i tatuaggi indelebili. E magari rimpiangerà di aver speso i suoi soldi proprio per farsi tatuare. Peccato!»

- «Chissà perché una persona tatuata non mi ispira fiducia. Quando la guardo non riesco a distogliere gli occhi. Cerco di decifrare che cosa mi dicono... e li trovo paurosi, mi intimoriscono! A me piace guardare la gente in faccia e scoprire lo sguardo che ha. Non mi sono mai piaciuti gli enigmi. Tu che sei giovane sai darmi qualche spiegazione di questa mia sensazione?»

Vedete? Ponendo una domanda si lascia aperta la strada alla conversazione che, naturalmente, deve essere pacata e civile. Così si stimola anche qualche riflessione in più da parte del ragazzo; inoltre, le sue risposte, per quanto evasive, offriranno al genitore ulteriori spunti per continuare a parlare.

3. Se con il passare del tempo il ragazzino (o la ragazzina) è assolutamente deciso a farsi fare un piercing (o un tatuaggio), pretendete con grande fermezza una procedura sicura per la sua salute. Adesso i centri che in Italia praticano piercing e tatuaggi devono avere un'autorizzazione della Asl, relativa anche ai materiali e ai colori usati; si sono verificati, infatti, casi di gravi intossicazioni e di trasmissione di patologie della pelle e di altro genere. Mi risulta, inoltre, che in alcune regioni sia necessaria l'autorizzazione dei genitori per praticare un piercing o un tatuaggio a un minorenne.
4. Affrontate con il vostro adolescente tutti i temi connessi. Per quanto riguarda i tatuaggi, mostrategli su Internet le tre principali procedure per praticarlo e per rimuoverlo; in questo modo, capirà a che cosa va incontro qualora decidesse di farselo fare. Poi toccate l'argomento «spesa»: non credo proprio che debba essere coperta dai genitori non essendo un trattamento necessario per la salute! Messo di fronte a tutti questi argomenti, credo (e spero per voi) che il vostro adolescente opterà per un tatuaggio all'henné, non doloroso, esteticamente gradevole, molto meno pericoloso e costoso degli altri e, soprattutto, facilmente cancellabile.
5. Ricordate ai vostri figli che, come in casa vostra non sono per-

messi un linguaggio e un abbigliamento offensivi e osceni, così deve essere il tatuaggio: non offensivo né osceno.

6. A questo punto, visto che il vostro adolescente ha risposto a tutte le domande («Chi te lo farà?», «Che cosa rappresenterà?», «In che parte del tuo corpo?», «Quanto sarà grande?», «Perché lo vuoi fare?», «Quanto ti costerà?» – quest'ultima domanda è delicata: non avanzate un vostro parere a meno che il ragazzo non ve lo chieda esplicitamente, siate insomma assolutamente neutrali), se proprio ne è ancora convinto e sa come pagarselo... fateglielo fare in vostra presenza. Sarà certamente una condivisione che voi e lui ricorderete per tutta la vita, nel bene e nel male!

E adesso che avete un figlio o una figlia così conciati... datevi da fare per star loro ancora più vicino in modo rispettoso e accogliente, continuando a farli sentire comunque amati e capiti

E adesso che avete un figlio o una figlia così conciati... datevi da fare per star loro ancora più vicino in modo rispettoso e accogliente, continuando a farli sentire comunque amati e capiti; so che a questo punto probabilmente vi sentite a disagio davanti al mondo intero o comunque davanti a quel mondo che vi siete costruito: una casa pulita e accogliente, una professionalità riconosciuta e onesta, amici rispettabili e generosi... Niente paura, così come siete stati accanto ai vostri figli in tanti altri momenti difficili – quando hanno fatto scena muta alla loro prima recita scolastica, quando hanno preso il voto più basso della classe agli esami di terza media... –, adesso dovete dimostrare che non li state allontanando da voi perché hanno un aspetto per voi inconcepibile. Diamine: sono i vostri figli! Anzi, dovete ignorare il tatuaggio, così come si ignora il capriccio a 3 anni, e invece mettere in luce positivamente – ovvero rinforzare – tutti i loro, anche minimi, comportamenti positivi.

- «Come sono invidioso delle tue scarpe da ginnastica nuove fiammanti e pulitissime. I miei soliti mocassini sono scomodissimi in questa stagione. Magari domani vieni con me e mi suggerisci un paio di scarpe da ginnastica per i nostri jogging della domenica.»
- «Ho letto un articolo sul campionato di calcio che non ho ben capito. Tu che sai tutto sull'argomento dimmi la tua opinione. Certamente sei più aggiornato di me.»
- «Ho sentito che dall'anno prossimo cambieranno alcune materie nei licei. Magari guardiamo insieme su Internet che cosa troviamo. Sei quasi più svelto di me a trovare i siti giusti.»
- «La mamma mi ha detto che un tuo compagno di scuola è all'ospedale per un intervento per fortuna non grave. Se vuoi ti accompagno a trovarlo. Sono convinto che gli farà piacere vedere il suo amico.»

E non fatevi sentir parlare o, peggio, «sparlare» del tatuaggio o del piercing con parenti e amici come fosse una sciagura: ormai la decisione è stata presa e i giochi sono fatti. Non è assolutamente il caso di mettere in piazza emozioni private che diventano solo pettegolezzi.

Ricordiamocelo: l'adolescenza non è una grave malattia di cui vergognarsi!

Ricordiamocelo: l'adolescenza non è una grave malattia di cui vergognarsi!

18

Guerra o pace?

Spesso i genitori di ragazzini già dai 9-10 anni in avanti si lamentano con me affermando che la vita in famiglia è diventata una guerra senza tregua. Ho un suggerimento per consolarvi: fate fare una gigantografia di una bella fotografia del vostro bambino quando aveva circa 1 anno e appendetela ben in vista nell'ingresso o in soggiorno. Passando di lì vi verrà senz'altro in mente che quell'adolescente con i capelli blu e lo smalto viola è pur sempre l'adorabile piccolina della foto, quella con un gran sorriso a due soli dentini che alza la paletta verso il cielo quasi volesse costruire il mondo intero. Allora non mettetevi a urlare! Anche con i capelli blu e lo smalto viola vostra figlia non sta per morire, è qui con voi e non è il caso di dichiararle guerra. Dunque, pace sia. Poi, magari, succede che il suo compagno di banco, quello con la testa pelata che le sta tanto simpatico, le dice che preferisce i capelli biondi e così lei, appena arriva a casa, si lava via la tinta blu!

E pace sia anche quando vorreste trascinare il vostro adolescente, bello come il sole e alto più di suo padre, al matrimonio di una vostra cara amica: si rifiuterà di venire perché sa già che si annoierà a morte. Anche in questo caso lasciate perdere, non piagnucolate né cercate di convincerlo. È una battaglia inutile e persa.

Sicuramente avrete constatato anche voi che più date a vedere che determinati comportamenti dei vostri ragazzi vi indispongono, più questi si ripetono e addirittura peggiorano. Lo stesso, d'altra parte, avveniva quando avevano due anni e facevano i capricci: dando loro attenzione, infatti, non facevate altro che «rinforzarli».

E allora non si può mai dichiarare guerra ai figli adolescenti?

Quando si tratta della sicurezza dei ragazzi e soprattutto della loro salute, guerra sia! Combattuta e vinta anche se con un secco NO!

Eh no, cari genitori, quando si tratta della sicurezza dei ragazzi e soprattutto della loro salute, guerra sia! Combattuta e vinta anche se con un secco NO!

Vediamo un esempio con Caterina Rossini che mercoledì sera a cena annuncia ai genitori (salvo rarissime eccezioni, gli adolescenti non chiedono il permesso, ma «annunciano») che andrà alla festa di compleanno della sua compagna di classe Clotilde, sabato a partire dalle 22.

La mamma la guarda sorpresa e sta per dire qualcosa, ma il papà, molto opportunamente, la blocca: «Ne parliamo più tardi. Adesso ho proprio voglia di gustarmi quest'ottimo pollo arrosto che la mamma ha preparato».

Dopo cena, Caterina, contrariamente al solito e nonostante non sia il suo turno settimanale, si sofferma in cucina ad aiutare a riordinare. Guido si ritira invece in camera dicendo che deve finire un compito di disegno per l'indomani.

Avviata la lavastoviglie, la mamma e Caterina raggiungono il papà in soggiorno davanti alla TV che però lui spegne immediatamente.

PAPÀ «Allora, Caterina, che cos'è questa novità della festa di sabato? Non ci avevi parlato prima dell'invito.»

CATERINA «E voi non mi avete parlato dei vostri progetti. Naturalmente io voglio andare alla festa: ci vanno tutti i miei amici e la casa di Clotilde è bellissima, con un grande terrazzo all'ultimo piano.»

PAPÀ «Che tu voglia andarci è fuori di dubbio, che tu possa è un altro paio di maniche.»

CATERINA «Uffa, sei sempre il solito. Vero, mamma, che ci posso andare? Ormai ho compiuto 14 anni da tre mesi. Anch'io ho fatto la festa qui in casa e sono venuti tutti i miei compagni. Peccato solo che ci fosse anche quel rompiscatole di Guido...»

GUIDO *(dalla sua camera)*: «Guarda che ho sentito... Ma se tutte le tue amiche hanno voluto ballare con me!»

CATERINA «L'hanno fatto per gentilezza e perché volevano che ti togliessi finalmente dalle scatole!»

MAMMA «Basta, ragazzi, certi apprezzamenti sono in questo caso perfettamente inutili. Ma non avevamo, all'inizio dell'anno, stabilito delle regole per poter fare delle feste o parteciparvi?»

GUIDO «Sì, ne ho tenuta una copia per quando finalmente compirò 14 anni anch'io... La volete?»

PAPÀ «Direi che ci basta la copia di tua sorella. Caterina, l'hai già controllata? È tutto a posto?»

CATERINA «Ci ho dato un'occhiata. Be', è in casa di persone che conoscete, ci sono i miei compagni di scuola, ognuno di noi deve portare qualcosa da mangiare o da bere e mi ci accompagnano i genitori di Luisa, la mia compagna di banco, che abita qui vicino.»

PAPÀ «Preferisco che tu vada a prendere quella benedetta lista e che controlliamo insieme con la mamma. Vediamo.

– Dov'è la festa? *Lo sappiamo, in casa di persone conosciute:* ++

– A che ora? *Dalle 22 all'una.* Un po' tardi, ma andiamo avanti. Domani ne riparliamo; per ora è un –

– Chi saranno gli adulti presenti tutto il tempo? *Probabilmente uno o entrambi i genitori di Caterina.* Questo va controllato personalmente; mettiamo un punto interrogativo: ?

– Chi ti accompagna e chi ti riporta a casa? *Vado con Luisa e mi riaccompagna qualcuno dei genitori.* No, assolutamente negativo: – – a meno che non ti accompagniamo e ti veniamo a riprendere noi.
– Come ti vesti? *Non ho ancora deciso; ne parlo con le mie amiche.* Perché sia un +, devi avere la nostra approvazione, ma penso che ci si possa accordare facilmente.
– Che cosa si berrà e si mangerà? *Non posso saperlo, visto che ognuno porta quello che vuole.* Già, e poi so che molti tuoi compagni fumano...»

MAMMA «Quasi quasi preferirei che tu non ci andassi. Magari invitiamo un po' di tuoi compagni, e Clotilde naturalmente, la settimana prossima a casa nostra. Nonostante il caos sarei più tranquilla.»

PAPÀ «Be', so che Caterina ci tiene molto. Peccato che non abbia sviscerato tutte le nostre richieste per farla partecipare. Abbiamo però ancora un paio di giorni. Lasciatemi parlare con il papà di Clotilde; intanto tu, mamma, parlane con la sua mamma e con Caterina. Domani sera rifacciamo il punto della situazione. Naturalmente è fuori di dubbio che ti accompagniamo noi, controlliamo la situazione e veniamo a prenderti magari un po' prima dell'una. Sai che a mezzanotte dovresti sempre essere a casa. Se riusciamo a metterci d'accordo può essere un sì, altrimenti è un no, e dovevi aspettartelo. So che non è una consolazione, ma pensa che tutti i tuoi ventotto compagni festeggeranno un compleanno prima o poi...»

Pensate che i genitori di Caterina siano troppo severi o non al passo con i tempi? Secondo me, no. La cronaca riporta quasi ogni giorno fatti spiacevoli, se non tragici, accaduti a adolescenti che sicuramente non stavano facendo personalmente niente di male. Basta un bicchiere di troppo perché qualcuno, inavvertitamente, appicchi fuoco alle tende, basta un pizzico di droga finito per scherzo nel bicchiere sbagliato per far stare molto male chi non ne era mai venuto a contatto. Inoltre, per paura delle conseguenze, quasi mai qualcuno si prende la responsabilità di avvertire chi potrebbe accorrere in aiuto. Oppure basta un personaggio poco serio incontrato appena fuori dal portone di casa che litiga con l'accompagnatore troppo giovane di una ragazzina. Basta un litigio tra i ragazzi per mandare a monte e rovinare atrocemente l'innocente divertimento che Caterina tanto desiderava.

Tutti questi ragionamenti, fatti a posteriori, provocano nei genitori un senso di colpa incancellabile per il resto della vita. Se anche la nostra Caterina non dovesse essere coinvolta direttamente nel fattaccio, quale ricordo le rimarrà di questa tragica esperienza?

Poi, quasi sempre, passato il periodo dell'adolescenza, i nostri figli maturi (almeno dal punto di vista scolastico) ci rimproverano: «Avresti potuto dirmelo... Non me l'hai mai detto seriamente... Credevo che tu scherzassi...».

Facciamo valere la nostra autorevolezza ma lasciamo che intraprendano tutte le meravigliose, intriganti e interessanti avventure adatte alla loro età

Poche chiacchiere, quindi. Facciamo valere la nostra autorevolezza e lasciamo, invece, che intraprendano tutte le meravigliose, intriganti e interessanti avventure adatte alla loro età. Spronianoli anzi ad andare avanti con allegria e coraggio e facciamoli sentire all'altezza.

- «La squadra si allena per una settimana ogni giorno di prima mattina? Certo che ce la fai ad alzarti alle 6!»
- «A scuola si terrà una gara di matematica? Certo che riuscirai a prepararti. Basta che tu faccia una decina di equazioni ogni sera.»
- «Entro questa settimana devi raccogliere per la scuola almeno trenta libri usati da regalare alla biblioteca? Fai il giro delle case di zii e nonni e vedrai quanti ne trovi!»

- «Hai paura che se inviti quella ragazzina alla tua festa ti dica di no? Fallo comunque, almeno ci avrai provato.»
- «Sei arrabbiato con il papà? Se tu glielo dici chiaramente, lui ti risponderà che anche lui lo è e troverete il modo di spiegarvi.»
- «Non sai che cosa fare questo pomeriggio? Scommettiamo che riesci ad aggiustarmi il cassetto della credenza che non scorre più?»
- «Oggi hai il raffreddore e non puoi uscire. Tiriamo fuori tutte le vostre scarpe di quando eravate piccoli e vediamo quali possono andar bene a Carlo. Porteremo le altre in parrocchia per chi ne ha bisogno. Tu sali sulla scala e mi passi le scatole.»

Leggendo queste mie «proposte», alzerete gli occhi al cielo. «Già, proprio i nostri adolescenti apprezzano simili iniziative! Ma dove vivi?».

Be', la mia esperienza dice di sì. È sufficiente non avere, noi adulti per primi, un atteggiamento sempre insoddisfatto e negativo verso le faccende di casa e di famiglia e, naturalmente, nemmeno verso il rendimento scolastico e le attività sportive. Anzi è bene usare sistematicamente la strategia del rinforzo positivo evitando di mettere in luce esclusivamente le difficoltà.

Siete voi per primi a dover vivere con entusiasmo! Anche se non avete l'età dei vostri figli, l'avete avuta e quindi ne siete «esperti». Perciò, sfoderate la vostra grinta e lanciatevi in nuove avventure, fossero anche il riordino dello sgabuzzino! Sapete quanti ne dovranno mettere a posto i ragazzi nella loro vita?

Quando mi sono sposata, non avevamo molti soldi. Perciò mio marito ha costruito una scaffalatura per lo sgabuzzino con cassette per la frutta recuperate ogni sabato al mercato. Dopo quarant'anni, è ancora in piedi, nel bel colore verde scuro che avevamo scelto. Chi adesso vive nell'appartamento che occupavamo la utilizza ancora! Ci ripenso sempre quando vedo che tutti i miei tre figli «si arrangiano» a sistemare la loro casa con passione e impegno.

Cari ragazzi... Pace o guerra?

Cari ragazzi, voi come tutti i giovani di ogni tempo e di ogni luogo avete il massimo della vitalità e, probabilmente, anche il massimo dell'inventiva e della creatività. Perciò credete veramente di poter cambiare il mondo. Be', spero che, in questa vostra convinzione, comprendiate il fatto che la guerra e la violenza non servono a niente e a nessuno (parecchi di voi me l'hanno confermato).

Ebbene, nessun essere umano riuscirà mai a cambiare il mondo, ma è certo che ognuno di noi può, anzi deve, cambiare il proprio orticello e fare in modo che sul suo suolo non ci siano violenza né guerra. Ma qual è il nostro suolo personale? Che vi piaccia o no, sono nostro suolo la famiglia d'origine e quella un po' più in là formata dalla scuola, dal condominio, dal quartiere in cui viviamo, dal vagone della metropolitana o del treno che prendiamo tutti i giorni, dalla nostra città o dal nostro Paese, dal campeggio dove andiamo in vacanza. In tutti questi luoghi – piccolissimi per quanto è grande il mondo – noi dobbiamo portare la pace ed evitare violenza e guerra.

Cominciate quindi dalla vostra famiglia. Vi ho già suggerito la strategia del Bravo Sportivo; d'altro canto, voi stessi sapete quanto lo sport non debba mai essere guerra ma semplice competizione che esalti al massimo le potenzialità dell'uomo, chiunque egli sia: abbiamo infatti campioni di tutte le razze, troveremo sempre il Campione Uomo che magari, anche in un unico piccolo sorriso, sarete proprio voi.

Quindi, di fronte a quella che in famiglia vi potrà sembrare una battaglia tra la vostra volontà e quella dei genitori (gli «allenatori»), fermatevi per un attimo a riflettere. Ascoltate i loro suggerimenti, mettete in luce serenamente i pro e i contro. Poi allenatevi a poco a poco a recuperare il massimo della vostra forma che, tuttavia, non deve diventare mai violenza ma solo allenamento e che quindi richiederà, sì, sacrificio, ma sarà anche fonte di enorme soddisfazione.

Immaginiamo, per esempio, che i vostri genitori vi chiedano di pulire a fondo la vostra stanza tutti i sabati. Una cosa tremenda, vero?

Be', se invece di fare una scenata, vi mettete subito all'opera e, da Bravi Sportivi, calcolate i vostri tempi e cercate di raggiungere un record di perfezione e velocità, non è forse meglio? Io sono convinta che con un mese di allenamento costante sarete in grado di completare il riordino e la pulizia della stanza in un massimo di 45 minuti, forse anche mezz'ora. Certo, la sera prima i vestiti tolti vanno sistemati a dovere, i libri e i materiali scolastici devono essere sempre riposti dopo lo studio, i CD – una volta che li avete ascoltati – vanno rimessi nel loro scaffalino. A questo punto non resta che passare l'aspirapolvere, lo straccio sui ripiani a vista, un panno carta umido sui vetri e sul davanzale. Finito in tempo record! Guerra evitata... e allergie da sporcizia pure!

19

La scuola e lo studio

«La scuola fa schifo.»

Questa è l'espressione che ho sentito più spesso sia dagli adolescenti sia dai loro genitori.

Che cosa ne penso io, cari ragazzi e cari adulti? Non sono affatto d'accordo. La scuola siamo noi, così come noi siamo la società. Quindi, quel minimo di autostima che ognuno di noi deve avere ci deve spingere a dare un giudizio decisamente più positivo. Alt! Questa sarebbe già la soluzione.

Adesso, però, atteniamoci a quello che dicono i nostri adolescenti (e che, magari, noi adulti in segreto condividiamo). Se la scuola fa schifo...

- «Perché mi ci fate andare?»
- «Io non ci vado!»
- «La scuola non serve a niente, è una perdita di tempo!»
- «Preferisco andare a fare lo spazzino.»
- «Posso benissimo imparare da solo. Adesso poi c'è Internet.»
- «Tanto anche la laurea non vale più niente.»
- «Tanto io voglio fare il calciatore.»
- «Sai quanto guadagna una velina a serata?»
- «Io sono alta 1,70 e quindi posso già fare la modella.»
- «Poi a che cosa serve studiare il latino dei Romani. Son morti e sepolti...»
- «I prof sono tutti vecchi, non sanno neanche usare il computer. Ne so più io di loro!»

Con un po' di vita alle spalle è facile confutare queste affermazioni.

A mio parere, gli anni della scuola sono insostituibili perché consentono ai giovani di fare, in un ambiente stimolante e protetto, l'esperienza più concreta e, di solito, più positiva della società che incontreranno da adulti.

Dite che la scuola non è un ambiente stimolante? Be', cari genitori, molto si può fare per progredire in questa direzione, anzitutto dimostrando noi stessi in prima persona interesse per quello che i nostri figli fanno in classe.

Trenta o cinquant'anni fa i ragazzi frequentavano solo due o tre ambienti: la casa, la scuola e, talvolta, l'oratorio. Niente associazioni sportive, niente discoteche, niente colazione e merenda al bar, niente chat in Internet e praticamente niente telefono. La scuola, quindi, era l'unico ambiente interessante, dove i ragazzi venivano a contatto con idee, informazioni, situazioni, persone diverse dalla propria famiglia. Era dunque l'unica possibilità di «evasione» e ci spingeva a conoscere il mondo là fuori. Che meraviglia! Chi andava a scuola era considerato un privilegiato.

Bisogna assolutamente che i nostri figli tornino a considerare la scuola un privilegio

Nel mio libro *Fate i compiti!* ho sottolineato che bisogna assolutamente che i nostri figli tornino a considerare la scuola un privilegio, un ambiente in cui imparare il più possibile e forgiare quegli strumenti che serviranno loro per tutta la vita. Con questo non intendo solo le nozioni (è vero, adesso c'è Internet), ma la relazione con gli altri (insegnanti e compagni), le emozioni connesse alla conoscenza e all'ignoranza, la creatività sola o incanalata nelle informazioni acquisite, il desiderio di andare oltre, di imparare a scegliere in che cosa sperare o credere e di dare alla nostra vita un'impronta unica e forse irripetibile.

In questo senso, gli adolescenti sono molto ricettivi. Basta solo che i genitori e gli insegnanti tengano ben presente che «educare» vuol dire «tirar fuori» e che un uomo educato ha un valore incommensurabile per se stesso e per la società di cui fa parte.

Soffermiamoci adesso sul difficile problema che adolescenti e genitori si trovano ad affrontare alla fine della scuola secondaria inferiore: la scelta della scuola superiore.

È una decisione, a quest'età (13-14 anni), molto difficile proprio perché, come abbiamo visto, l'adolescente vuole tutto, qui e subito, generalmente con il minimo impegno, mentre il genitore desidererebbe che il ragazzo esprimesse già una personalità decisa e si impegnasse fin d'ora a raggiungere grandi obiettivi magari in un campo che ritiene – spesso per ragioni economiche – il più conveniente.

Tuttavia, la scelta non va fatta partendo da queste posizioni che, nella maggior parte dei casi, si dimostrano in breve tempo strumentali e poco gratificanti proprio per il ragazzino che a quest'età non è certo in grado di fare valutazioni del genere.

Se vogliamo che questi nostri adolescenti approfittino davvero del privilegio-scuola che la società fornisce loro come diritto inderogabile, è importante infondere in loro l'idea che, proprio perché è un diritto, la scuola presuppone un loro dovere inalienabile, quello di «conquistarsela», cioè di impegnarsi a fondo per ricavarne tutto il bene possibile. Ecco che, in questa logica, qualsiasi tipo di scuola superiore offre al ragazzo la possibilità di «educarsi» ovvero di tirar fuori il meglio che è.

Proprio perché è un diritto, la scuola presuppone un loro dovere inalienabile, quello di «conquistarsela», cioè di impegnarsi a fondo per ricavarne tutto il bene possibile

Anche di questo tema mi sono già occupata in *Fate i compiti!*; qui voglio solo ribadire il concetto che qualsiasi scuola è in grado di aiutare i ragazzi a far maturare il senso del rispetto e della responsabilità di sé e degli altri, qualsiasi scuola può risvegliare in loro interessi precisi e allargati verso ciò che li circonda: l'importante è che venga frequentata con entusiasmo e impegno, due atteggiamenti che quasi sempre contraddistinguono le persone più stimabili che incontriamo nella vita e come noi genitori vorremmo che diventassero i nostri figli.

Alla fine della scuola secondaria di primo grado, i ragazzi ricevono già dalla scuola stessa un'indicazione di massima per la scuola superiore. Io sono sempre stata molto perplessa su questi consigli, anche per esperienze fatte con i miei figli.

A mio giudizio, è necessario, al momento della scelta, un approfondito, lungo e serio esame di tutte le informazioni che ragazzi e genitori hanno a disposizione.

Non mi piace usare il «non» e il «no» ma in questo caso...

- **Non basatevi sul fatto che una scuola sia considerata «più facile».**
- **Non basatevi sul fatto che solo quella scuola metta in grado i ragazzi di fare un «mestiere» ben retribuito.**
- **Non considerate solo il fatto che sia vicina a casa e che molti figli di amici la frequentino.**

Prendete invece in considerazione le attitudini del ragazzo: gli piace leggere? È curioso? creativo? vivace o sedentario? pignolo o accomodante? Va d'accordo con tutti o con nessuno? A che livello è la sua autostima? Parole crociate o sudoku o zappare l'orto del nonno? Che cosa sogna di diventare nella vita?

Poi siate tutti ben consci che

- **Qualsiasi scuola superiore necessita di almeno due ore al giorno di studio svolto seriamente.**
- **I ragazzi hanno bisogno di fare esercizio fisico (magari solo giocando a pallone nel cortile sotto casa) per almeno un'ora al giorno.**
- **Il fatto che la scuola sia considerata «difficile» non è quasi mai un handicap se il ragazzo è deciso a dedicarvisi con passione.**

- Se è vero che entro il primo anno di scuola superiore si può cambiare indirizzo, è anche vero che questo generalmente comporta un senso di frustazione e di inadeguatezza tutt'altro che positivi.

Ma torniamo ai nostri adolescenti che, della scuola, ne dicono di tutti i colori. Come devono comportarsi padri e madri con loro perché ricomincino a considerarla un privilegio, imparando ad apprezzarla e a contribuire per farne il luogo ideale per la crescita individuale e della società?

Innanzi tutto, è importante che sgombriamo il campo da quattro errori principali che quasi sempre noi educatori compiamo nella comunicazione tra noi e «loro», i nostri adolescenti. Eccoli qua:

1. Avviare una discussione nel momento in cui sorge il problema.
2. Brontolare e tormentare il ragazzo.
3. Fare predicozzi lunghi e assolutamente scontati.
4. Cercare sempre di controbattere quel che dice o fa il ragazzo.

È ovvio che queste errate modalità di comunicazione vanno sempre evitate quando abbiamo un problema con i nostri adolescenti, ma questo vale soprattutto nei riguardi dei problemi scolastici perché questi spesso sorgono a monte e lontano dalla nostra gestione diretta del ragazzo. Cerco di spiegarmi con alcuni esempi.

Nel primo troviamo Ugo, 15 anni, prima liceo scientifico, e il suo papà, un padre abbastanza presente nella vita del figlio anche per quanto riguarda la scuola (pure lui ha frequentato a suo tempo il liceo scientifico).

PAPÀ «Quando cominci a preparare quel progetto di geografia che ti ha chiesto il tuo prof per gennaio?»
UGO «Cosa hai detto?»
PAPÀ «Il progetto di geografia...»

UGO «Non era di geografia.»
PAPÀ «Di che cosa si trattava allora?»
UGO «È per scienze. Tra poco comincio.»
PAPÀ «Sono due settimane che dici che cominci...»
UGO «Che pizza! Ho detto che lo faccio, non rompere!»
PAPÀ «Se non te lo ricordassi, non cominceresti mai!»
UGO «Smettila di rompere o te lo fai tu il progetto!»
PAPÀ «Attento, ragazzino. Non puoi rispondermi così...»

È ovvio che Ugo, in quel momento, non ha nessuna intenzione di accontentare papà e di mettersi a lavorare sul progetto, né vuole ammettere che non ha nemmeno cominciato. Quando vogliamo parlare ai nostri figli di qualcosa che ci sta a cuore, non possiamo farlo a nostro piacimento perché molto spesso non riusciamo a far loro interrompere quello che stanno facendo e che, in quel momento, ritengono più importante come guardare la TV, messaggiare, ascoltare musica... tutte attività più interessanti di parlare della scuola con il papà! Del resto neanche noi adulti amiamo essere interrotti con una grana quando siamo occupati in qualcosa di piacevole!

In questo caso sarebbe stato molto meglio dire semplicemente a Ugo: «Sono preoccupato perché non ti vedo lavorare sul progetto di scienze. Stasera dopo cena ne parliamo e vediamo a che punto sei arrivato».

In presenza di un problema, la cosa migliore da fare è prendersi un appuntamento per discuterne

In presenza di un problema, la cosa migliore da fare è prendersi un appuntamento per discuterne; il ragazzo intuisce che voi state trovando il tempo e lo spazio per interessarvi ai suoi problemi e non vi ricordate solo di lui per metterlo in difficoltà o criticarlo.

Molti obietteranno: «Ma è giusto che il signorino continui a guardare la TV stravaccato sul divano quando ha altro da fare per la scuola?». Bene, il ragionamento è giusto, ma non è mai giusto solo criticare o punire (l'ho sempre detto, ricordate?) mentre è invece assolutamente positivo offrire al ragazzo un mezzo per riprendere la strada corretta verso la soluzione del problema.

Sempre riferendoci all'esempio precedente, se il papà o la mamma di Ugo avessero ripetutamente brontolato perché il figlio almeno cominciasse il progetto di scienze, pensate che lui avrebbe effettivamente iniziato e finito? L'esperienza mi insegna che non è così, che lagnarsi, la ripetizione quotidiana o addirittura oraria di un suggerimento o di un ordine di solito non fanno altro che rovinare la giornata a noi e al ragazzo.

Di nuovo, è molto meglio fissare un appuntamento e verificare il lavoro fatto o da fare e pretendere che ci si metta subito all'opera.

«Ho messo sul tavolo l'indice della tua ricerca di scienze che mi avevi fatto vedere. Aggiungi subito i materiali che hai trovato e quello che hai già fatto. Li guardiamo insieme e in mezz'ora li avrai sistemati pronti da elaborare. Così poi puoi andare a fare un giro in bici prima di cena.»

Poniamo ora che il nostro Ugo continui a prendere insufficienze in matematica. È perfettamente inutile che il papà o la mamma si mettano seduti e gli facciano un predicozzo filosofico o catastrofista sulle conseguenze delle sue carenze scolastiche: «Guarda, finirai a fare lo spazzino. Sei molto intelligente, ma sei uno scansafatiche. Anzi, non ti prenderanno neanche a fare lo spazzino; adesso si chiamano "operatori ecologici" e devono sapere anche guidare e manovrare macchine speciali. Queste sono nozioni matematiche, carissimo. Avessi avuto io le possibilità che hai tu. Io studiavo e aiutavo mio padre nei fine settimana a fare il magazziniere. Tu devi solo studiare e trovi sempre la pappa pronta!».

Sappiamo benissimo, voi e io e ogni adulto, che questi ragionamenti sono assolutamente veri e corretti ma... siete convinti che gli adolescenti possano apprezzarli e agire di conseguenza modificando subito il loro comportamento? Non illudiamoci, i nostri ragazzi nel loro agire bene hanno bisogno di «complici», di esem-

I nostri ragazzi hanno bisogno di «complici» nel loro agire bene, hanno bisogno di esempi reali e visibili

pi reali e visibili. Allora, tralasciamo questi predicozzi e agiamo. Mostriamo loro in concreto che ce la possono fare a prendere un bel voto.

Sediamoci accanto a loro e assistiamo agli sforzi che fanno per raggiungere l'obiettivo. Ricordatevi che loro non vi vedono lavorare: uscite di casa, tornate e a fine mese portate lo stipendio. Sembra quasi una magia alla Harry Potter! Perciò dobbiamo insegnare a nostro figlio che la magia siamo noi, sono le dieci equazioni che ho risolto, il libro che ho letto e commentato, il sogno di diventare «qualcuno» che comincia a realizzarsi nell'approvazione dei genitori e degli insegnanti. La magia è la mia autostima che mi rende sempre più forte di fronte alle difficoltà che mi si presentano. Ma per questo serve un allenatore che faccia vedere come si vince, anche con grandi sacrifici!

Riepilogando, con i vostri adolescenti è meglio non mettersi a discutere – loro ne sanno sempre più di noi –, ma far valere l'autorevolezza che nel tempo vi siete costruita per portarli sulla strada giusta.

Pensiamo ancora al primo esempio di Ugo. Se il papà avesse cominciato a discutere su quando Ugo avrebbe dovuto completare il suo progetto, sulla validità o meno di quanto il ragazzo aveva fatto, sul suo comportamento irresponsabile... non si sarebbe arrivati da nessuna parte o, peggio ancora, sarebbero scappate male parole che avrebbero minato l'autorevolezza del papà. È quindi molto meglio lavorare da subito non alla discussione del problema, ma alla sua risoluzione.

Se proprio il vostro adolescente vi trascina in un battibecco che voi ritenete inutile, sappiate evitare lo scontro con la vostra autorevolezza. A volte basta dire: «Questa discussione mi sembra inutile e non porta da nessuna parte. Sono sempre pronto a parlare invece della soluzione del problema. Dimmi tu quando vuoi parlarne».

E adesso la solita proposta concreta. Poniamo che il nostro adolescente abbia appena terminato un anno scolastico mediocre e debba affrontarne uno decisamente più impegnativo. Naturalmente né lui né voi siete entusiasti della situazione. Ricomincerà la consueta lotta quotidiana per farlo studiare di più, rivedrete i soliti voti quasi sempre al di sotto della sufficienza, ricomincerete a sentirlo mugugnare sull'inutilità della scuola, sull'«ignoranza» dei professori, persino sulla cattiva manutenzione dell'edificio scolastico (proprio da lui che ha una camera in cui non si riesce nemmeno a entrare!).

Ebbene, non cominciate così il nuovo anno scolastico; stendete invece un piano concreto di lavoro. Abbiamo sempre detto ai nostri figli che la scuola è il loro lavoro e, quindi, mettiamoli sotto! Non aspettiamo di vederli fallire, ma organizziamoci e vedremo subito i loro successi. Come può avvenire il «miracolo»? Non ci vuole niente di speciale.

Basta la solita tabella giornaliera con orari e tanti rinforzi positivi. Dunque, non preoccupiamoci, ma occupiamoci del nostro Lorenzo, 15 anni, secondo anno del liceo scientifico. Innanzi tutto, cari genitori, bandite qualsiasi atteggiamento seccato, ansioso o triste e scoraggiato. Dovete dare ai vostri figli sempre l'impressione di aver fiducia nelle loro capacità di successo. Perciò, fate capire che siete felici di potergli stare accanto e di diventare complici di una vittoria sul mondo intero.

Se il nuovo anno scolastico parte meglio del precedente, anche il nostro ragazzo si sentirà meglio

Passando alle indicazioni concrete, può essere utile cominciare a preparare l'anno scolastico alla fine di agosto o nei primi giorni di settembre, in modo da essere pronti fin dall'inizio. Chi ben comincia è alla metà dell'opera. Se quindi il nuovo anno scolastico parte meglio del precedente, anche il nostro ragazzo si sentirà meglio.

Per le materie in cui il ragazzo ha avuto una valutazione sufficiente nell'anno precedente, accennate ai loro contenuti durante il tempo che passate insieme in modo che ve ne parli a ruota libera. Per esempio, potete stimolarlo in geografia mentre state guidando, in chimica quando cucinate, in matematica nel momento in cui verificate il vostro saldo in banca... Parlategli di tutti questi argomenti come se fosse in grado di darvi dei consigli... e vedrete che lo farà!

Per le materie che invece vanno rinforzate di più, fate in modo che vostro figlio, per almeno un'oretta al giorno, riveda gli esercizi, magari svolti in classe verso la fine dell'anno precedente, nei quali ha avuto più difficoltà. Se non riesce a raccapezzarsi da solo, chiedete aiuto a qualcuno che lo possa mettere sulla strada giusta: un compagno più ferrato in quella materia, un amico che abbia fatto gli stessi studi, uno zio competente, l'amica della mamma, i nonni...

Le «materie di forza» vanno invece solo tenute d'occhio. Vi possono però essere utili a far capire al vostro ragazzo che nella vita tutto serve, che anche nelle materie meno gradite c'è sempre qualcosa, anche minimo, di gradevole riconducibile ai suoi interessi.

In conclusione, partite con il piede giusto e con tanto entusiasmo! La scuola è un privilegio e i nostri ragazzi devono rendersi conto che ne fanno parte.

Già, va bene l'entusiasmo, ma se poi il nostro Lorenzo non studia, si perde in chiacchiere con i compagni, dice che si annoia, che la scuola è inutile, che tanto non impara niente...

Attenzione, genitori, questo è un atteggiamento da «perdente» che va assolutamente modificato perché altrimenti il nostro ragazzo se lo porterà dietro anche sul lavoro, qualsiasi esso sarà.

In questo caso, consiglio di insistere nel dire al proprio figlio che la scuola è il suo lavoro e, proprio per questo, che lo pagate per il suo rendimento (il giusto, ovviamente). Sta a voi decidere se legare questa ricompensa per lo studio alla paghetta o se erogarla in sostituzione della paghetta. Valutatelo in base alle vostre disponibilità economiche che anche il ragazzo – visto che lo avete messo al corrente – saprà considerare. Ogni sufficienza può valere 1 Euro, ogni sette 2 Euro, ogni otto 3 euro e così via. Ma attenzione, il sei meno meno non è una sufficienza e l'otto più vale otto.

Detto questo, non mollate e non concedete né di più né di meno.

E le insufficienze? Naturalmente, così come chi non lavora non viene retribuito, così ogni insufficienza viene «detratta» dal dovuto!

Inoltre, la condotta deve essere sempre come minimo al nove, pena una perdita secca di 5 Euro o, in casi gravi, pena la perdita di tutto il mensile. Vediamo come se la cava, per esempio, Lorenzo.

Mese di ottobre

Italiano	6 – 6	=	2 Euro
Storia	6	=	1 Euro
Geografia	6	=	1 Euro
Inglese	7	=	2 Euro
Matematica	5 – 4 – 5	=	-4 Euro
Scienze	6-	=	0
Educazione Fisica	7	=	2 Euro
Disegno	7-	=	1 Euro (è in realtà un 6)
Condotta 8 (ritardi!)		=	-5 Euro

Come vedete Lorenzo è rimasto senza retribuzione!

In chiusura di questo capitolo, vorrei sottolineare un altro atteggiamento importante da parte dei genitori per favorire il successo scolastico. I ragazzi, che adesso sono «grandi», devono fare da soli e la scuola dovrebbe fonire loro tutti gli strumenti necessari a questo scopo. Tuttavia, io sono assolutamente convinta che noi padri e madri dobbiamo continuare a mostrare interesse per quello che fanno a scuola, probabilmente fino alla laurea. Quindi, trovate il tempo non solo ed esclusivamente di giudicare e criticare, ma anche di curiosare e condividere la loro avventura di studio.

Noi padri e madri dobbiamo continuare a mostrare interesse per quello che fanno a scuola, probabilmente fino alla laurea

In questo, secondo me, non dobbiamo lasciarci bloccare dalla parola «privacy», talvolta usata a sproposito al giorno d'oggi. Fino ai 18 anni siamo noi i responsabili dei nostri figli. Curiosiamo, allora, sfogliando i loro libri di testo, controllando i quaderni degli esercizi, facciamo in modo che il materiale scolastico sia tenuto decorosamente. Quante volte mi è capitato, nella mia lunga carriera di insegnante, di acquistare personalmente a qualche mio studente, quasi sempre di famiglia benestante, un quaderno nuovo dopo che per mesi aveva scritto su fogli prestati dai compagni, una biro perché non ne possedeva una che funzionasse, oppure di prenotargli un testo in cartoleria perché i genitori, settimane dopo l'inizio della scuola, non lo avevano ancora fatto, o ancora di tirare fuori dalla cartella giochi elettronici in quantità insieme con avanzi di panini e patatine ma di trovare il diario unto e stracciato quindi inservibile per una comunicazione importante scuola/famiglia. Questo disinteresse dei genitori non è rispetto della privacy dei figli: è semplicemente cattiva educazione familiare.

Perciò, anche se non l'avete mai fatto, cominciate fin d'ora a controllare la cartella dei vostri figli e magari fissate un appuntamento con loro per risolvere il problema degli strumenti inadeguati che sono, almeno in parte, ragione del loro insuccesso scolastico.

Sono convinta che si possa ancora fare moltissimo quando ormai i nostri figli sembra che abbiano preso una strada sbagliata. Non è facile, magari non si risolve tutto in poco tempo; però nel giro di un anno scolastico si possono cambiare le cose, naturalmente se sarete accanto ai vostri figli con serenità, convinti che entrambi raggiungerete il successo che meritate.

Cari ragazzi... Lo studio in pillole

Sulla scuola non voglio dilungarmi, perciò mi limito a darvi qualcuna delle mie «perle di saggezza» come ironicamente le chiama il mio nipote tredicenne.

- *La scuola, qualsiasi scuola, è una magnifica avventura all'Indiana Jones. Provate a considerare un'interrogazione di storia come un ostacolo da scavalcare correndo.*
- *Anche quando tutto va male, c'è sempre modo di rialzarsi e riprendere a correre. (Se la prima interrogazione è un insuccesso, chiedo alla prof di ritentare tra una settimana.)*
- *Non pensate solo al traguardo finale, vedete invece i vostri passi come tanti traguardi raggiunti uno per volta! (In una settimana posso studiare una pagina al giorno e finire, così, il capitolo.)*
- *Non perdete tempo a criticare cose che non potete cambiare, ma occupatevi di ciò che è nelle vostre possibilità. (Il programma di storia non lo scegliete voi. Però potete cercare in ogni pagina una parola interessante da cui partire, per una sfida alla vostra intelligenza! Pensateci: un intero libro di storia in trecento parole, tante quante le pagine del libro. Segnatevele: vi serviranno per l'esame di maturità, scommettiamo?)*
- *E se avete dei nonni, sfruttateli. Parlatene con loro: sono spesso coltissimi, anche se hanno fatto solo la terza media!*

20

Le cose della vita: educazione sessuale

La vera educazione sessuale incomincia dai primissimi anni di vita del bambino e non consiste solamente in un'informazione data dalla scuola, da un medico, dai genitori, né può essere ridotta alle chiacchiere tra coetanei e, tanto meno, alla visione di spettacoli osceni su Internet.

L'educazione sessuale non riguarda solamente l'atto tra due persone e la procreazione, ma coinvolge tutto l'aspetto della relazione fisica ed emotiva tra uomo e donna

Questo tipo di educazione non riguarda, infatti, solamente l'atto sessuale tra due persone e la procreazione, ma coinvolge tutto l'aspetto della relazione fisica ed emotiva tra uomo e donna sia personalmente come coppia sia nell'ambiente e nella società in cui vivono. Per questo motivo, mi sento di poter affermare che l'educazione sessuale avviene (e dovrebbe avvenire) in buona parte proprio in famiglia, non tanto con spiegazioni o lezioni o attraverso lo «scontato» e spesso imbarazzato discorso chiarificatore tra genitore e figlio o figlia, quanto con l'esempio dato dai comportamenti all'interno del nucleo familiare.

Vi faccio un esempio. Immaginiamo una ragazzina di 12 anni che viva in una famiglia dove il padre abbia un comportamento violento e irrispettoso nei confronti dei familiari, madre compresa e dove, comunque, il fratello di 10 anni sia, a suo parere, sempre privilegiato rispetto a lei. Questa ragazzina riceve a scuola delle lezioni di educazione sessuale che mettono giustamente l'accento sull'evidenza di un rapporto affettivo e di rispetto tra due individui che sfocia nel rapporto sessuale; ma la sua esperienza personale le conferma il contrario: il padre «esige» con violenza e quindi... dove sono l'amore e il rispetto? Il rapporto sessuale è per la ragazzina solo frutto di una violenza, perché così le dice la sua esperienza che, come tale, vale più di mille parole. Persino il comportamento del fratello minore, sempre complice del senso di superiorità del padre, non fa altro che ribadirlo. All'uomo tutto è permesso. Se vuole essere amata, la donna deve sottomettersi!

I nostri figli quindi «respirano» educazione sessuale proprio nell'ambiente familiare, nel modo con cui i genitori si relazionano emotivamente e fisicamente, nel rispetto anche fisico che hanno l'uno per l'altra e nell'espressione di questo rispetto nella quotidianità.

I nostri figli «respirano» educazione sessuale proprio nell'ambiente familiare

Molti mi giudicheranno troppo romantica, ma io comunque insisto nel dire che – in questa nostra epoca dove amore e sesso sono parole quasi sempre disgiunte, dove il pudore per le proprie emozioni e azioni è praticamente sparito e quasi non se ne conosce più il significato, dove anche il sesso è diventato un diritto al di là di ogni dovere – il sesso e la sua pratica sono emozioni tanto fisiche quanto spirituali che racchiudono il vero significato di ogni innamoramento. Per questo l'amore non ha età, a 14 o a 80 anni.

Ho fatto questa premessa perché penso che una corretta educazione sessuale debba necessariamente essere basata sulle convinzioni civili, morali, religiose dei genitori e che quindi padre e madre abbiano non solo il diritto, ma anche il dovere di esprimere queste loro convinzioni ai propri figli. Queste idee vengono poi meglio acquisite dai ragazzi non tanto in un discorso chiarificatore a tavolino, ma condividendo la quotidianità familiare e com-

Una corretta educazione sessuale deve necessariamente essere basata sulle convinzioni civili, morali, religiose dei genitori

mentando le notizie che ci arrivano dal mondo esterno attraverso i media.

In concreto, già dalla scuola primaria i nostri figli ricevono una serie di informazioni «scientifiche», peraltro molto importanti, sul corpo umano e sugli organi preposti alla riproduzione.

Queste nozioni, a mio parere, vanno precisate all'inizio della pubertà (10-11 anni) magari da un medico che rassicuri il ragazzo che tutto va bene, che lo informi correttamente sul proseguire della sua maturazione fisica (e quindi anche sessuale) e sugli accorgimenti necessari alla sua salute. Ci sono genitori che sono in grado e si sentono di fare essi stessi questo discorso: ben venga. Molti altri non si credono all'altezza e allora può benissimo sostituirli il pediatra o il medico di famiglia nel quale si ha fiducia e confidenza.

Naturalmente il ragazzo o la ragazza andranno alla visita da soli, in modo che si sentano a proprio agio nell'affrontare questo argomento, così delicato e assolutamente privato, in tutta libertà e con un professionista «indipendente» a loro disposizione.

Oggi esistono molti libri che illustrano ai ragazzi (e persino ai bambini a partire dai 3 anni...) gli aspetti fondamentali della sessualità e della procreazione, i pericoli dei comportamenti a rischio, le malattie a essi collegate. Sono ottimi spunti; poi i genitori possono anche fare una ricerca in Internet insieme con i figli adolescenti e prenderla come spunto per sviscerare l'argomento.

Inoltre, attualmente i media offrono in continuazione spunti per conversazioni importanti con i nostri figli. Secondo me, condividere le nostre emozioni in merito è un ottimo sistema per mettere in chiaro e gestire tutte le problematiche relative al sesso e alla droga (argomento che discuteremo nel prossimo capitolo).

Per parlare con i propri figli di sesso, uno strumento pratico molto importante che i genitori hanno a disposizione è «fare domande», una strategia che peraltro possono utilizzare fin da quando il bambino è in grado di parlare. Ogni domanda, come ho già sottolineato nel capitolo su piercing e tatuaggi, va posta in tono pacato e non inquisitorio, in modo da porvi come «complici» delle decisioni che vostro figlio prende riguardo alla sua vita personale. Nella mia esperienza di madre, insegnante e nonna, ho notato che assumere un ruolo interlocutorio davanti ai giovani è molto costruttivo. Anche una risposta come: «Che cosa vuoi che mi interessi? Cavoli suoi...» è un sintomo chiaro di un dubbio nel ragazzo che noi possiamo – con discrezione – aiutare a sciogliere. Ricordate i quattro passi? Ascoltare, parlare di sé, condividere l'allegria e il divertimento e rinforzare positivamente.

Sul sesso sono di solito i bambini a fare domande, ma nulla vieta al genitore di chiedere al ragazzo, magari di fronte a uno spettacolo televisivo o alla pagina di una rivista, che cosa ne pensi o di stimolarlo a commentare l'immagine esprimendo la sua opinione o manifestando l'emozione che prova. Tutto questo, ovviamente, deve sempre avvenire nel rispetto per il figlio e il suo grado di maturità, oltre che per le persone coinvolte nell'immagine stessa.

Vi suggerisco alcune domande che potrebbero esservi utili confrontandovi con un figlio o una figlia adolescente:

- «Che cosa ne pensi di quella ragazzina che è rimasta incinta a 14 anni?»
- «Alla riunione di classe si è parlato degli atti di bullismo verso alcuni studenti gay della scuola. Tu che cosa ne pensi? Nella tua classe c'è qualche ragazzo/a gay? Viene preso in giro? Hai mai assistito a questi episodi di bullismo? Come ti sei sentito? Come hai reagito?»
- «Ho letto che in alcuni licei distribuiranno preservativi gratis. Pensi possa servire? E a che cosa secondo te?»
- «Guarda, l'attore XY è morto di AIDS. So che anche a scuola ne

avete parlato quando vi sono state fatte le lezioni sull'educazione sessuale. Adesso è passato quasi un anno. Hai altre domande da farmi? Vuoi tornare dal medico per farti spiegare i rischi di questo terribile virus? Ai miei tempi avevamo paura della tubercolosi, che peraltro sta tornando, ma l'AIDS è più pericoloso e soprattutto più subdolo perché può originarsi da un "piacere".»

- «Io e la mamma abbiamo deciso di aiutare economicamente, per quel che possiamo, un'associazione che aiuta le madri africane che hanno figli affetti da AIDS. Stasera magari ne parliamo insieme...»

Al giorno d'oggi, argomenti come il divorzio o l'omosessualità, le relazioni extraconiugali e la prostituzione sono sulla bocca di tutti, anche dei più piccoli, con una leggerezza e un pressappochismo a mio parere allarmanti. I nostri figli parlano spesso con stupida ironia di queste situazioni perché non sono ancora in grado di comprenderne gli aspetti reali e seri; oppure addirittura formulano giudizi saccenti ma assolutamente fuori luogo poiché non hanno e non possono avere nessuna competenza in materia. Genitori, se captate questi discorsi, abbiate la forza di replicare con tono rassicurante e pacato, non seguendo i ragazzi sulla strada dell'ironia o della volgarità ma formulando ragionamenti seri sulle difficili situazioni che nella vita si possono creare e spesso danno luogo a sofferenze gravi.

Poi, cari genitori, non diamo in mano ai nostri figli «strumenti» – ovvero giornali, TV, media o persino l'esempio di persone con atteggiamenti scorretti, volgari e pericolosi – inadatti a loro che mancano dell'adeguata maturità psicologica e fisica. Che cosa voglio dire? Un ragazzino dai 6 ai 13 anni è naturale e normale che si masturbi perché non è in grado di fare sesso con nessuno se non con se stesso, non è «maturo». Allo stesso modo, anche i ragazzini preadolescenti e adolescenti non dovrebbero, a mio parere, lasciarsi coinvolgere in rapporti sessuali perché rischiosi per la loro salute fisica e mentale, ancora così precaria e vulnerabile. Ma questa è solo una mia opinione, ogni genitore ha la propria ed è responsabile dei messaggi che lancia ai figli e delle libertà che concede loro.

In un certo senso, oggi i media presentano il sesso come un piacere da godere sempre e il più possibile, come – concedetemi quest'immagine – un'abbuffata alimentare. Genitori, servireste ai vostri figli cibi che li facciano star male? Lascereste loro la libertà di ingoiarne quantità tali da compromettere la loro salute?

Mi fermo qui con queste domande, invitandovi però a prendervi le vostre responsabilità e ricordandovi ancora una volta che il vostro esempio – madre e padre che vivono felicemente e rispettosamente la propria unione sessuale, che si è oltretutto manifestata proprio nella procreazione dei figli – è più importante di qualsiasi discorso possiate fare.

Sottolineate con i vostri figli come «fare sesso» sia diverso da «fare l'amore»

E poi, genitori, quando parlate di sesso, trovate il modo di fare sempre qualche riferimento all'amore e al rispetto, oltre che all'unicità di ogni atto sessuale perché ognuno di noi è diverso dall'altro. Se ci riuscite, sottolineate con i vostri figli come «fare sesso» sia diverso da «fare l'amore». In questo, i film ci possono dare una mano: quali sono le storie d'amore che vediamo al cinema e quali le storie di puro sesso, magari intrise di violenza?

Non abbiate perciò paura di farvi vedere commossi di fronte a una scena di vero amore, segnalate ai vostri figli con parole semplici ma chiare la differenza tra queste due situazioni. Siete padre e madre e, quindi, potete spiegare come le emozioni maschili e femminili siano molto differenti anche se entrambe importantissime e valide per l'unione di coppia. La mamma probabilmente ricorderà con infinita commozione la prima volta che il papà l'ha presa per mano (magari solo per attraversare la strada), mentre il papà è più facile che rievochi il primo bacio nascosti dietro un palo della luce davanti a casa di lei. Poi lui potrà dire di lei: «Dal giorno del nostro matrimonio le ho dovuto insegnare tutto...». E lei replicherà: «Già, e io ho dovuto coprirgli gli occhi ogni volta che passava una bella ragazza in bikini, sulla spiaggia dove siamo andati in luna di miele!». Ma lui concluderà: «È vero, ma adesso abbiamo imparato tutto quel che ci occorre e insieme siamo proprio una coppia affiatata e perfetta! Congratuliamoci con noi stessi».

Vedrete che, tra risatine ironiche, sguardi imbarazzati e strizzatine d'occhio, i messaggi arriveranno e daranno al ragazzo la giusta dimensione di che cosa vuol dire «fare l'amore», un'esperienza molto più coinvolgente ed emozionante che non il banale «fare sesso»!

Padri, non cedete alla tentazione di fare i *machi* con i figli maschi

Un'ultima avvertenza ai genitori, soprattutto ai padri: non cedete alla tentazione di fare i *machi* con i figli maschi; non mancate mai di rispetto al sesso femminile con commenti che offendono la dignità e la moralità delle persone. Evitate poi le risatine provocatorie: porterebbero i vostri ragazzi a imparare da voi a sottovalutare l'altro sesso e solo a «servirsene», non cercando invece rapporti positivi di vero scambio sia fisico che emozionale. Gli adolescenti sono già abbondantemente a contatto nel loro mondo (scuola, strada, oratorio, gruppo sportivo...) con questi atteggiamenti superficiali e irriverenti e, purtroppo, li assimilano velocemente; ecco perché in famiglia non devono mai figurare.

Non va lasciato alcuno spazio alle parolacce

Allo stesso modo, in famiglia non va lasciato alcuno spazio alle parolacce. Questa «regola», che andrebbe osservata sempre quando ci si confronta con l'altro sesso, è già di per sé garanzia di un approccio sano alla sessualità e ai rapporti con gli altri.

E, in conclusione, perché non noleggiare e rivedere tutti insieme il bel film *Appuntamento sotto il letto*? Potrebbe essere la giusta occasione per parlare di tante cose: di sesso ma anche di desiderio e di amore, di rispetto e di stima che sempre si accompagnano a ogni esperienza importante della vita.

Cari ragazzi... Il sesso?
Centellinatelo come tutti i più grandi piaceri

E adesso eccomi a voi, cari ragazzi. Prima di tutto, vorrei chiedervi scusa. «È impazzita?» vi domanderete. No, voglio scusarmi in quanto «persona adulta» perché ritengo che proprio noi adulti, come società, abbiamo commesso molti errori per quanto riguarda la vostra educazione sessuale.

Centinaia di anni fa, e ancora oggi presso popolazioni che magari consideriamo primitive, il sesso era, ed è, un comportamento naturale, da esercitare liberamente alla luce del sole. Come tale, non era soggetto a nessun condizionamento, ma rispondeva solo alla volontà dell'individuo e alle sue personali inclinazioni. Perciò, i giovani che potevano viverlo così non venivano mai privati della spontaneità né dell'unicità dell'atto sessuale, esattamente come non venivano privati della voglia di cibo, di acqua, di sonno...

Nella società odierna questo non è più possibile. Non solo secoli di religione, diritto, tradizioni, costumi... hanno sedimentato una cultura in cui il sesso è un fatto privato, ma la stessa complessità della nostra società, che deve reggersi su codici di comportamento e di rispetto, rende ormai assolutamente impossibile vivere la propria sessualità alla luce del sole e sotto gli occhi di chiunque. Di conseguenza, voi giovani non potete fare una prima esperienza naturale e spontanea della sessualità come, appunto, nelle società «primitive» ma... siete gioco forza condizionati da noi adulti. Per parte nostra, negli ultimi anni – ben convinti che i piaceri della vita siano un diritto a cui non si lega alcun dovere, nemmeno verso noi stessi – vi abbiamo dato in mano, senza istruzioni per l'uso, un «piacere» che può diventare un'arma contro di voi; oppure vi abbiamo fornito istruzioni (TV, Internet, ambienti in cui sono calpestate le elementari leggi del rispetto e della responsabilità) lesive di quella spontaneità e di quell'unicità personale che sono alla base di qualsiasi vero piacere.

A 10-12 anni voi sapete già tutto sul sesso: dove, come, perché, con chi... Vi è stato detto come dovete reagire, che cosa dovete fare... Eppure, così vi è stata tolta bruscamente un'esperienza unica, la più personale, fantastica e preziosa che ci possa essere: l'emozione irripetibile della scoperta della vostra sessualità a contatto con quella dell'altro/a che con voi ha deciso liberamente di viverla.

So, cari ragazzi, che ai vostri occhi e al vostro cuore queste mie scuse sono poca cosa. Vi prego però di riflettere su quello che vi ho detto e, così, comprenderete perché è anche bene che vi fermiate un attimo e non bruciate tutto e subito. Avete l'intera vita davanti, perciò consumatela e godetevela pian piano.

Sono sicura che qualcuno fra i vostri genitori, gli insegnanti, il medico, le persone che vi vogliono bene... può darvi informazioni «tecniche» indispensabili per arrivare serenamente e sanamente a godere della vostra sessualità. Il mio consiglio, però, è di non lasciarvi prendere dalla fretta del tutto, qui e subito: non fate un «pieno» che potrebbe rivelarsi in seguito solo «zavorra» da buttar via lasciandovi un senso di vuoto. Sappiate che il sesso è una delle esperienze più belle da condividere con chi si ama, ma proprio per questo è e deve essere «prezioso» e non consumato a piene mani tutto in una volta.

Non fate un «pieno» che potrebbe rivelarsi poi solo «zavorra» da buttar via lasciandovi un senso di vuoto

Ricordatevi che, anche se avete fame, mangiare troppo vi fa stare male.

Il troppo storpia sempre, in qualsiasi contesto... figuratevi il troppo e «a rischio»!

Vi sembrerò vecchia, ma se ci riflettete un po', sono sicura che saprete scegliere per il meglio. Una bella esperienza, anche se unica, rimane sempre una cosa bella; tante esperienze mediocri o deludenti, anche se numerose e ripetute, rimangono sempre tali.

Inoltre, mi raccomando di stare sempre molto attenti ai rischi che correte, sia emotivamente sia fisicamente. Proprio perché la sessualità è il punto focale della vita, può diventare anche il punto focale della morte se contraete malattie in un rapporto a rischio.

Quindi, volete essere grandi? Benissimo, dimostratevi tali soprattutto rispettando voi stessi e le persone che incontrate con le quali volete condividere questo grande piacere che è il sesso. Ma ricordatevi che non deve costarvi la vita!

Poi domandatevi: «Se quella mia bellissima compagna di classe, con cui tutti ci provano, ha accettato il mio invito al cinema, vuol dire che mi trova simpatico? Eppure io so di non essere un granché, rispetto ad altri miei compagni più spiritosi, più intelligenti, più machi...».

L'attrazione fisica non è mai determinata solo dall'apparenza, ma anche dalla personalità particolare di ognuno di noi e da come questa si manifesta. Quindi, in genere, per una relazione soddisfacente – anche sessuale – è necessario che scocchi la scintilla di un'attrazione che non si limiti all'aspetto fisico, ma che vi coinvolga anche dal punto di vista mentale e, possibilmente, emotivo.

Quante volte avrete visto coppie formate da una lei bruttina ma simpatica e da un lui macho *ma timidissimo? O viceversa?*

Quante volte vi siete interrogati: «Ma quelli sono così diversi fra loro. Perché stanno insieme?».

Perciò, prima di impegolarvi in rapporti sessuali che si rivelerebbero un mero esercizio fisico, peraltro deludente, siate sinceri con voi stessi e fatevi alcune domande:

- «Mi piace veramente quella persona?»
- «Mi sento a mio agio quando le/gli sono vicino/a?»
- «Sento il bisogno di conoscerla/lo meglio?»

- «Sento il bisogno di toccarla/lo, di starle/gli vicino, di conoscerla/lo anche fisicamente o voglio solo "provarci"?»

Alla vostra età si agisce spesso solo d'istinto, ma ormai siete (o volete essere) grandi nel vero significato di questo aggettivo. E una persona grande è sempre rispettosa e responsabile, altrimenti è e rimane fuori dal cerchio!

21

Due nemici in agguato: droga & alcol

Nooooooooooooooooooooooooooooooooooooooooooooooooo!

Chi mi conosce spero che abbia notato la mia grande disponibilità ad accettare e a rispettare le opinioni degli altri, di qualsiasi età, preparazione culturale, status economico essi siano. Ma per quanto riguarda l'abuso di alcol e, ancor peggio, la droga la mia prima reazione è quel monosillabo che uso così malvolentieri ma che qui è però indispensabile: un secco no!

Certamente la droga ha invaso il mondo intero.

Certamente alcolici e superalcolici sono alla portata di tutti.

Certamente gli studiosi ci hanno dimostrato non solo i gravi pericoli della droga, ma anche gli eventuali usi terapeutici (soprattutto per quanto riguarda la terapia del dolore nelle malattie terminali).

Certamente tutti noi, comuni mortali, sappiamo che ogni nostra medicina può essere considerata una droga.

Certamente i nostri adolescenti e persino i bambini hanno sentito parlare dell'alcol e della droga: gli adolescenti spesso ne sono, purtroppo e tragicamente, a contatto persino a scuola e nell'ambito della cerchia familiare o delle amicizie ristrette.

Ma la mia reazione è sempre un urlatissimo: «Nooooooooooooo!».

Come genitore e come educatore, non voglio lasciare nessuno spiraglio all'abuso di alcol e alla droga, per la quale non mi interessano le classificazioni: leggera, pesante, non fa niente, dopo dieci minuti ti passa tutto, stai male solo all'inizio... No. Punto e basta!

Non mi interessano i richiami storici a popolazioni antiche o recenti che ne hanno fatto uso trovandone giovamento. Sarà la scienza a stabilirlo con opportuni esperimenti: i nostri figli, e noi, adesso diciamo: «Noooooooooooooooooo!».

Abbiate il coraggio e il tatto di ascoltare, percepire, e infine verificare concretamente se i vostri figli sono stati o sono a contatto con la droga, se hanno preso l'abitudine di bere; se lo scoprite, agite IMMEDIATAMENTE per il loro bene!

Ho sempre parlato di rispetto: in questo caso dico a tutti i genitori e agli educatori in genere: «Siate dei segugi!». Abbiate il coraggio e il tatto di ascoltare, percepire, e infine verificare concretamente se i vostri figli sono stati o sono a contatto con la droga, se hanno preso l'abitudine di bere; se lo scoprite, agite IMMEDIATAMENTE per il loro bene!

Ora vi elenco gli atteggiamenti dei ragazzi che ci devono mettere in allarme. Peraltro è difficile interpretarli perché tutti gli adolescenti, in un modo o nell'altro, passano – anche senza far uso di droga – attraverso almeno una di queste fasi. Ciò non toglie, però, che noi genitori e educatori dobbiamo stare all'erta e mettercela tutta con amore e rispetto per chiarire la situazione prima che sia troppo tardi. Quindi attenzione a:

- Un improvviso e imprevisto drastico calo del rendimento scolastico pressoché in tutte le materie.
- Un continuo e consistente disinteresse per qualsiasi attività, anche per quelle che fino al giorno prima erano considerate gradevoli e divertenti.
- Un improvviso cambio di amicizie e frequentazioni.

Abbiamo già parlato della indispensabile verifica delle amicizie e degli ambienti frequentati dai nostri figli. Non trascuratela e non esitate a imporvi quando ci sono le condizioni per farlo: noi tutti preferiamo un figlio che ci sbatte la porta in faccia, che dice di odiarci perché non lo lasciamo andare in discoteca, piuttosto che assisterlo in un pronto soccorso alle 4 di mattina perché qualcuno gli ha lasciato cadere una pasticca nel bicchiere appoggiato sul tavolo che non aveva coperto con la mano o perché è stato accompagnato a casa da un diciottenne ubriaco che ha causato un incidente.

Come abbiamo detto, dobbiamo quindi essere forti e capaci di dire di no a situazioni che consideriamo rischiose per la sua salute fisica e mentale. Ci sono tante attività alternative che possiamo fare con i nostri figli e con i loro coetanei in modo che si rendano conto che si può vivere una vita soddisfatta e felice anche senza rovinarsela con la droga o qualsiasi altra dipendenza.

È bene inoltre che i genitori parlino con i figli adolescenti anche delle leggi esistenti sull'uso improprio sia dell'alcol sia delle sostanze stupefacenti. Per esempio, possono far loro presente che, se vedono una persona (non necessariamente un ragazzo) bere o assumere droga e poi mettersi alla guida, hanno il dovere civile e morale di avvertire immediatamente la Polizia in modo che questa persona non possa far danni a sé o ad altri innocenti. D'altro canto, quanti incidenti stradali anche mortali succedono per questo motivo! Naturalmente bisogna fare la stessa cosa anche con un familiare. A maggior ragione con un figlio!

Che cosa posso a questo punto ancora suggerirvi? Vigilate, vigilate, vigilate con tanto amore, mai giudicando in negativo ma rinforzando positivamente gli sforzi che il ragazzo fa per allontanarsi dalle cattive compagnie. In questo, accettate con serenità le sue critiche al vostro comportamento – che in genere a lui pare inadeguato e ostile – perché dovete essere sicuri che state agendo per il suo bene. Prima o poi lo capirà senz'altro!

Parlate di questi argomenti con i vostri figli, non per fare paternali inutili, né per dilungarvi sul fatto che, sì, anche voi da ragazzi avete fumato uno spinello ma poi avete capito che non si fa, che sì ormai tutti lo fanno eppure... Se avete sbagliato da giovani, non adducete scuse: sarebbero le stesse che i ragazzi trovano per sé, «solo una volta per provare», «lo fanno tutti», «quella ragazza che mi piace mi ha fatto fare un tiro»... Ammettete il vostro errore, spiegate loro come siete riusciti a ripararlo, come vi siete sentiti e perché non l'avete più fatto. Poi portateli da un medico specialista che illustri i danni fisici gravi che derivano dall'abuso di alcol o dall'uso di qualsiasi droga. Esami scientifici lo hanno dimostrato: anche una sola dose ha effetti terrificanti sul cervello!

Ma soprattutto VIGILATE! Per la salute dei nostri figli non ci sono scuse

Ma soprattutto VIGILATE! Per la salute dei nostri figli non ci sono scuse. Certamente è più semplice assistere un figlio che si rompe una gamba giocando a pallone piuttosto che curarne uno che è entrato nel tunnel della dipendenza da alcol o da sostanze stupefacenti. Ma è miliardi di volte più importante!

Ormai tutti noi adulti ci sottoponiamo a una serie di esami clinici con una certa regolarità. Facciamolo fare anche ai nostri figli in modo che il medico possa rassicurare i ragazzi e noi sulla loro salute fisica e mentale prima che sia troppo tardi per correre ai ripari. Inoltre, a poco a poco, sarà il ragazzo stesso che dovrà diventare responsabile della sua salute. Quindi questo vale anche come insegnamento valido per il suo futuro.

Se abbiamo anche solo un dubbio, chiediamo aiuto agli esperti. Un bravo medico, un centro ospedaliero di neuropsichiatria dell'età evolutiva (fino ai 18 anni) possono aiutarvi a uscire dal tunnel micidiale dell'alcol o della droga; ricordatevi, però, che bisogna agire tempestivamente. Non aspettate che il vostro sospetto venga confermato da altri episodi chiarificatori: potrebbe essere troppo tardi. Perciò, non fatevi troppe domande, ma mostratevi capaci di affrontare serenamente questo problema (quasi fosse una bocciatura... E di fatto lo è!) e collaborate in tutti i modi con il ragazzo per superarlo. Fategli sentire, insomma, che lo amate come sempre e proprio per questo gli siete accanto per aiutarlo.

Un vecchissimo proverbio recita: «Il medico pietoso fa la piaga purulenta». La piaga della droga va curata immediatamente, anche se è solo un piccolo graffio e anche se disinfettarla provoca dolore. Ma quando il bruciore è passato, il graffio guarisce e scompare!

Cari ragazzi... Non provateci nemmeno!

Cari ragazzi, per quanto riguarda la droga, qualsiasi tipo di droga, ripeto il «Nooooooooooooooooooooooooooooooooooooooooooooo» che ho già detto ai vostri genitori.

Anche se fossi l'unica persona al mondo a farlo, io vi dico di no!

NO anche a una sola «prova», a una sola «tirata», a un esperimento fatto con gli amici

E NO anche a una sola «prova», a una sola «tirata», a un esperimento fatto con gli amici. No sempre e comunque, di qualsiasi cosa si tratti.

Non lasciatevi ingannare dai media che, a giorni alterni, ci dicono che fa male quello che fino a ieri sera faceva bene (vedi lo stesso povero vecchio sole). La droga deve essere per tutti associata a un NO, a meno che non siate malati terminali e i medici decidano che possa evitarvi sofferenze inutili.

Inoltre, non crediate di poter risolvere i vostri problemi con la droga. Li complicate invece ancora di più e, sappiate, non esiste cosa peggiore che non essere più presenti a se stessi, diventare a 18 anni – anziché adulti autonomi e liberi – malati incapaci di intendere e di volere. Questo è sempre il destino di chi viene a contatto con le sostanze stupefacenti che solo anni di cure e privazioni possono modificare almeno in parte.

Non sarà certo questo mio libro a risolvere le vostre perplessità sull'argomento, me ne rendo conto. Ma oggi c'è Internet, ci sono specialisti competenti, ci sono reparti ospedalieri che vi possono confermare quanto detto sopra. Siate grandi, ragazzi, non provateci mai. Fate i grandi!

E, se ci avete provato, siate tanto grandi da chiedere immediatamente aiuto a qualcuno più grande di voi e in grado di verificare il danno. Datevi da fare, insomma, per guarire, per superare il vostro problema da subito e per riprendere veramente in mano la vita cui avete diritto. Mi raccomando, non siate pressappochisti.

Rivolgetevi subito ai vostri genitori, a un medico, a un centro ospedaliero, a un insegnante di cui avete fiducia: non prestate fede agli amici che vi hanno messo in questa situazione, non fidatevi del fatto che adesso tutto è passato e vi sentite benissimo. Chiedete consiglio a un esperto. Da soli non ce la si fa.

Coraggio, alzatevi e chiedete aiuto. È il primo passo, il più importante, verso la salvezza. Capisco, da giovani ci si sente capaci di sollevare il mondo... ma in due anche il mondo diventa più leggero!

E per concludere questo capitolo preoccupante, qualche parola sul fumo. Ragazzi, per favore non fumate! E, se avete già cominciato, smettete subito! Sapeste quante persone ho visto soffrire e morire per malattie varie (trombosi, problemi cardiovascolari, tumori...) provocate dal vizio del fumo.

Anche sul fumo trovate informazioni esaurienti su Internet. Consultatele magari insieme con i vostri genitori: se fumano, siate proprio voi ad aiutarli a smettere.

Anche se fumate una sola sigaretta al giorno, smettete subito. È questione di una quindicina di giorni e ve ne dimenticherete. Quando avrete smesso, aiutate i vostri coetanei a farlo. Sentitevi orgogliosi della vostra scelta intelligente. Godetevi la vita, non passatela a combattere la malattia e la morte in un letto guardando gli altri dalla finestra dell'ospedale...

22

Cari genitori, cari ragazzi... (capitolo da leggere insieme)

Be', ragazzi, adesso sarebbe davvero bello che voi decideste di leggere questo capitolo assieme a mamma e papà. Sì, proprio voi adolescenti che fate fatica a guardarli in faccia quando rientrate a casa da scuola, da un pomeriggio con gli amici, dal cinema... In realtà, vi capisco benissimo perché, sarò pur vecchia, ma anch'io ho avuto la vostra età. Perciò, non vi giudico negativamente né vi condanno poiché so benissimo che, se sfuggite lo sguardo, è solo perché dentro di voi si aggrovigliano talmente tante emozioni che è difficile tenerle a bada.

Cerco di immaginarmi i vostri pensieri quando vi trovate di fronte mamma e papà: «Guarda che faccia stanca hanno tutti e due... Possibile che non siano mai contenti? Eppure sono stati a casa soli tutto il pomeriggio. Potevano andare a farsi un giro. In fondo non ho neanche chiesto la paghetta. E poi non è nemmeno pronto da mangiare. Adesso mi chiedono pure di apparecchiare, ma io filo in camera mia a studiare... Già, che pizza la scuola... preferirei andare a lavorare...».

Mi fermo qui, altrimenti ci sarebbe da riprendere il libro dalla prima pagina!

Invece vorrei che quest'ultimo fosse un capitolo da leggere con il sorriso e, magari, con un pizzico di ironia nei miei confronti, ma che vi faccia tornare tutti quanti (genitori e ragazzi) un po' bambini, quindi pieni di serenità, fiducia, curiosità, gioia di vivere anche solo per un raggio di sole o per un arcobaleno dopo il temporale. Quindi vi suggerirò alcuni piccoli gesti, una sorta di giochi da fare tutti insieme in famiglia, per sorridere delle emozioni semplici, eppure tanto grandi, che ognuno di noi immagazzina per sempre nel proprio cuore.

Se proprio non ve la sentite di fare questi giochi, almeno leggete le istruzioni. Quando sarete «incavolati» con i vostri familiari, immaginate di farne uno e – ne sono sicura – vi tornerà il sorriso perché per qualche minuto riuscirete a sentirvi ancora bambini. È la migliore delle cure.

Ricordiamoci sempre che si nasce da un atto d'amore. Stare insieme in famiglia vuol dire potenziare la luce di questo fuoco d'amore in modo che tutti possano goderne. Spesso, però, qualcuno si sente discriminato o non abbastanza apprezzato e amato. Oppure, semplicemente, si dà per scontato che la famiglia regga alle intemperie della vita. Quasi sempre non è così: essere famiglia è un percorso da affrontare insieme giorno per giorno; ogni tanto è necessario fermarsi e riprendersi per mano, altrimenti ci si perde.

Ma vediamo in che cosa consiste il gioco.

Chi, quando e dove: in famiglia, tutti presenti (compresi i nonni se sono conviventi o, comunque, molto importanti nella vita quotidiana), una sera seduti attorno al tavolo della cucina o in cerchio sul pavimento.

Occorrente: una candela per ogni membro della famiglia e alcuni fiammiferi.

Istruzioni: spegnete il lampadario della cucina, lasciando la porta accostata in modo che filtri un po' di luce dal corridoio. Un genitore, magari coadiuvato dal figlio maggiore, introduce il gioco. Si distribuiscono le candele spente, una per ciascuno. Il papà accende la sua candela e, con quella, accende la candela della mamma spiegando che la luce rappresenta il sentimento d'amore che essi hanno scoperto di provare. Poi può raccontare ai figli come, quando e perché si sono innamorati. A questo punto entrambi i genitori possono accendere a una a una tutte le candele, cominciando da quella del figlio maggiore e facendo notare come, al momento dell'accensione, le due fiamme insieme si rafforzino... perché alla nascita di ogni figlio il loro amore diventava sempre più profondo e concreto.

Il papà e la mamma possono inoltre far osservare (anche sotto forma di domanda) come la luce si intensifichi accendendo via via le candele.

- «Quando ho acceso la tua candela, la mia luce è diminuita?»
  «No.»
  «Quindi, quando ognuno di voi è venuto al mondo e io gli ho dato il mio amore, il mio amore verso la mamma o verso chi è nato prima non è mai diminuito. Se l'amore viene condiviso, non diminuisce, come non si smorza il fuoco della candela.»
- «Adesso che abbiamo acceso tutte le candele, c'è più o meno luce di prima?»
  «Ce n'è di più.»
  «Quindi, come famiglia, abbiamo decisamente più amore a disposizione rispetto a una persona sola. Potremmo passarlo a qualcun altro al di fuori della famiglia?»
  «Sì.»
  «E quindi noi siamo ricchi, ricchi della cosa più importante che esista al mondo: la capacità di voler bene.»

Ho visto fare questo gioco negli Stati Uniti da una grande famiglia alla Festa del Ringraziamento. Perché non instaurare questa tradizione magari in occasione dell'anniversario di matrimonio o in un giorno particolarmente felice per la famiglia?

Abbiate fiducia nella «volontà di bene» della vostra famiglia proprio perché si fonda sull'amore incondizionato che i singoli membri nutrono l'uno per l'altro.

Molti di voi adolescenti avrete già letto *Il diario di Anna Frank* (se non l'avete fatto, leggetelo adesso e guardatevi anche il film).

Anna, nonostante la tragedia che è stata la sua vita, riesce a dire: «... continuo a credere nell'intima bontà dell'uomo».

Voglio ora riportarvi qualche citazione che forse vi farà riflettere e magari sorridere:

«Certo che puoi avere tutto. Solo non puoi averlo tutto in una volta.» *Oprah Winfrey*

«Non è da dove vieni che conta ma dove stai andando.»
Ella Fitzgerald

«Non ho mai detto: "Non ho questo, non ho quest'altro". Ma ho sempre detto: "Non ho ancora ottenuto questo... ma ce l'avrò di sicuro".» *Tina Turner*

«Non ho facoltà eccezionali. Sono solo un inguaribile curioso.»
Albert Einstein

«Quando mi alzo alla mattina, do un'occhiata alla lista delle persone più ricche e famose in America; se il mio nome non c'è, incomincio subito a lavorare.» *Robert Orben*

«Il segreto del successo è sapere qualcosa che nessun altro sa.»
Aristotele Onassis

«È divertente fare l'impossibile.»
Walt Disney

E, cari uomini, concedetemi anche questo:

«C'è una donna all'inizio di ogni grande cosa!»
Alphonse de Lamartine

Per cui coraggio, ragazze!!!

Concludo con l'antropologa Margaret Mead che ha scritto:

«Uno dei bisogni più antichi è quello di avere qualcuno che si preoccupa di sapere dove sei quando sei in ritardo a tornare a casa.»

È vero, ragazzi, è profondamente vero. I vostri genitori continueranno per sempre a pensare a voi. Ricordatevi di loro un pochino, tanto quanto basta ad accorgervi che tra voi c'è un grande amore, un amore che non finirà mai e che sicuramente saprete trasmettere ai vostri figli e a chi vi circonda.

Qualche volta, prendete in mano il telefono, chiamate i vostri genitori solo per dire loro: «No, non è successo niente, mi è solo venuto in mente che ti voglio bene».

E, visto che anche i genitori hanno imparato da voi, probabilmente vi sentirete rispondere: «Non dire cavolate... a che ora torni?».

Non sarà solo una battuta: hanno bisogno di avervi vicino e di vedervi!

Alla fine del mio primo libro ho riassunto, per comodità, alcune linee guida per i genitori, sotto il titolo *Fate i bravi! Come?*

Ebbene, ragazzi, qui c'è un elenco per voi.

Fate i grandi! Come?

1. Apprezzate il fatto di essere vivi! Voi siete il «futuro», il futuro meraviglioso che tutti sogniamo e aspettiamo.
2. Ricordatevi che c'è sempre motivo di «pace» nell'ottica di una vera libertà che è composta di diritti e doveri.
3. Non siate «brutte copie» di adulti che hanno sbagliato: siate il meglio di voi stessi, sempre e dovunque!
4. Siate coscienti delle vostre qualità positive: tutti ne abbiamo e dobbiamo condividerle con chi ci sta intorno.

5. Nei momenti difficili ditevi semplicemente: «Certo che ce la faccio a far bene».
6. Fate un passo alla volta e che sia un passo sicuro verso il bene.
7. Segnatevi i vostri successi sull'agenda. Vedrete che presto dovrete prenderne una con più spazio!

Non posso che finire con una delle mie solite poesie, una di quelle che facevo studiare ai miei alunni delle elementari, ma che molto spesso erano i genitori ad apprezzare. Quindi spero che la apprezzerete anche voi ragazzi grandi.

STORIA UNIVERSALE di Gianni Rodari

In principio la terra era tutta sbagliata,
renderla abitabile fu una bella faticata.
Per passare i fiumi non c'erano i ponti.
Non c'erano i sentieri per salire sui monti.

Ti volevi sedere? Neanche l'ombra di un panchetto.
Cascavi dal sonno? Non esisteva il letto.
Per non pungersi i piedi, né scarpe, né stivali.

Se ci vedevi poco, non trovavi gli occhiali.
Per fare una partita non c'erano palloni;
mancava la pentola e il fuoco
per cuocere i maccheroni;
anzi a guardar bene, mancava anche la pasta.
Non c'era niente di niente.
Zero via zero, e basta.

C'erano solo gli uomini con due braccia per lavorare,
e agli errori più grossi si poté rimediare.
Da correggere, però, ne restano ancora tanti:

rimboccatevi le maniche,
c'è lavoro per tutti quanti!

Cari amici, genitori e ragazzi, pronti?

Viaaaaaaaaaaaaaaaaaaaaaaaaaaaaaaaaa!

Vedete, ragazzi? Siete voi ad arrivare primi al traguardo, anzi, giungete ben più in là. Il mondo ha bisogno che la vostra sia sempre una corsa vincente, noi adulti speriamo di avervi dato la spinta giusta!

Indice analitico

Indice

Finito di stampare nel mese di novembre 2010 presso
il Nuovo Istituto Italiano d'Arti Grafiche – Bergamo

Printed in Italy